齋藤 孝

マンガでおぼえる ことわざ・慣用句

岩崎書店

はじめに

「ことわざ・慣用句《かんようく》」は、おぼえるよりもつかってみよう！
はなしをするときにつかうと、会話《かいわ》がおもしろくなるよ。

たとえば、「なんども同じことをいわれてうんざりした」を、「耳にたこができた」といってみたらどうだろう。
イヤなきもちをそのままつたえるより、イヤなきもちを**おもしろくつたえるほうが、おたがいにたのしくなるよね。**それが慣用句のいいところなんだ。

ことわざは、生活の知恵《ちえ》や、生きていくうえで力になることばだね。

がんばってもなかなかできないとき、「石の上にも三年」を知っていれば、くるしくてもつづけていればいいことがあると思える。そうすると、**今の自分《じぶん》に自信がもてるようになるね。**

ことわざ・慣用句には、「耳にたこ」のように昔《むかし》の日本人の体のかんかくが入っているんだ。こういうことばで、時代《じだい》をこえてわかりあえるのは、日本人ならではのたのしさだね。

今の大人たちでも、ことわざ・慣用句を知らない人はたくさんいる。そんな大人にならないように、みんなはこの本でたくさんのことばにふれてみよう！

おなじことをいうのでも、いろんな表現《ひょうげん》をつかえるようになると、ことばのかんかくや体のかんかくがゆたかになるよ。

この本に登場する人たちのしょうかい

かんなちゃんかぞく
かんなちゃん
(小 4)
かんなちゃんの
ママ
かんなちゃんの
パパ
3 にんは
なかよし
ゆうかちゃん
(小 4)
オシャレさん
さきちゃん
(小 4)
スポーツ少女
ポッチ
かんなちゃんの
おにいちゃん
(小 6)
花田 3 きょうだい
いちろう (小 6)
じろう (小 4)
さぶろう (小 2)
花田パパ
花田ママ

山田さんの
ママ

山田さん
(小 4)

つばさくん
(小 4)
サッカー少年

たくみくんの
おとうさん

たくみくん
(小 4)

かけるくん
(小 4)
はんこう期

ひろくんかぞく

ひろくん
(小 4)

ひろくんの
パパ

ひろくんの
ママ

ひろくんの
おじいちゃん

先生たち

齋藤先生

学校の
たんにんの先生

学校の
体育の先生

サッカーの
かんとく

もくじ

1章 顔にかんすることわざ・慣用句

2章 体にかんする ことわざ・慣用句

3章 数にかんする ことわざ・慣用句

4章

動物・植物にかんする ことわざ・慣用句

5章 その他のことわざ・慣用句

1章

顔にかんする ことわざ・慣用句

あごを出《だ》す

【いみ】

すっかりつかれてしまうこと。たいへんでまったくできないこと。

手も足も動かず、あごだけが前に出《で》るというイメージだね。

【つかいかた】

「きのうのマラソン大会、キツかったよ」

「そうだね、みんなとちゅうからあごを出してたね」

こんど、つかれたときにあごが出てるか見てみよう!?

一《いち》目《もく》置《お》く

【いみ】

相手に尊敬《そんけい》のきもちをもって一歩《いっぽ》ゆずること。

囲碁《いご》で、よわいほうが先に石をひとつ置くことがもとになっているよ。

【つかいかた】

「勉強もできて、スポーツもとくいで歌《うた》もうまいなんて、すごいね」

「みんな、あの人には一目置いているよ」

自分《じぶん》よりできる人をみとめるきもちをもとう！

顔《かお》が利《き》く

【いみ】

よく知られているから、ムリをいってもきいてもらえるという意味《いみ》。

【つかいかた】

「開店前《かいてんまえ》なのに、いれてもらえるの？」

「おとうさんは、この店《みせ》で顔が利くんだよ」

ムリはほどほどにしないと、信用《しんよう》をうしないかねないよ

口車《くちぐるま》に乗《の》せられる

【いみ】

じょうずなはなしかたにだまされてしまうこと。

はなしにのせてだますことから、「車」のたとえになったんだね。

【つかいかた】

「おかあさん、なんでこんなにたかいゆびわ、かったの?」

「店員《てんいん》さんの口車に乗せられてしまったの」

「いいはなし」と「うまいはなし」はちがうよ!

後《うし》ろ髪《がみ》をひかれる

【いみ】

いつまでも気《き》になってしかたない、あきらめられないという意味《いみ》。

「後ろ髪」は、頭のうしろのほうの毛。「かみの毛をひっぱられて、その場から動けない」ということから、「しんぱいで、気になって」ということや「たのしいままでいたい」というときにもつかわれるよ。

1

【つかいかた】
「この犬、まいごなのかなぁ」
「このままおいていくのは、後ろ髪をひかれるおもいだよね」
「さぁ、でかける時間《じかん》よ」
「後ろ髪をひかれるなぁ、まだアニメがとちゅうだよ」

きもちをきりかえる勇気《ゆうき》をもつのもたいせつ！

2

舌《した》を巻《ま》く

【いみ】
すばらしくて、ことばがでてこないくらい感心《かんしん》すること。
おどろくくらい、すごい、というときにつかわれるよ。

【つかいかた】
「五年三組の合唱《がっしょう》は、すごかったね」
「そうだね、音楽《おんがく》の先生も舌を巻いていたよ」

「おどろくくらいすごい」というのがポイントだよ！

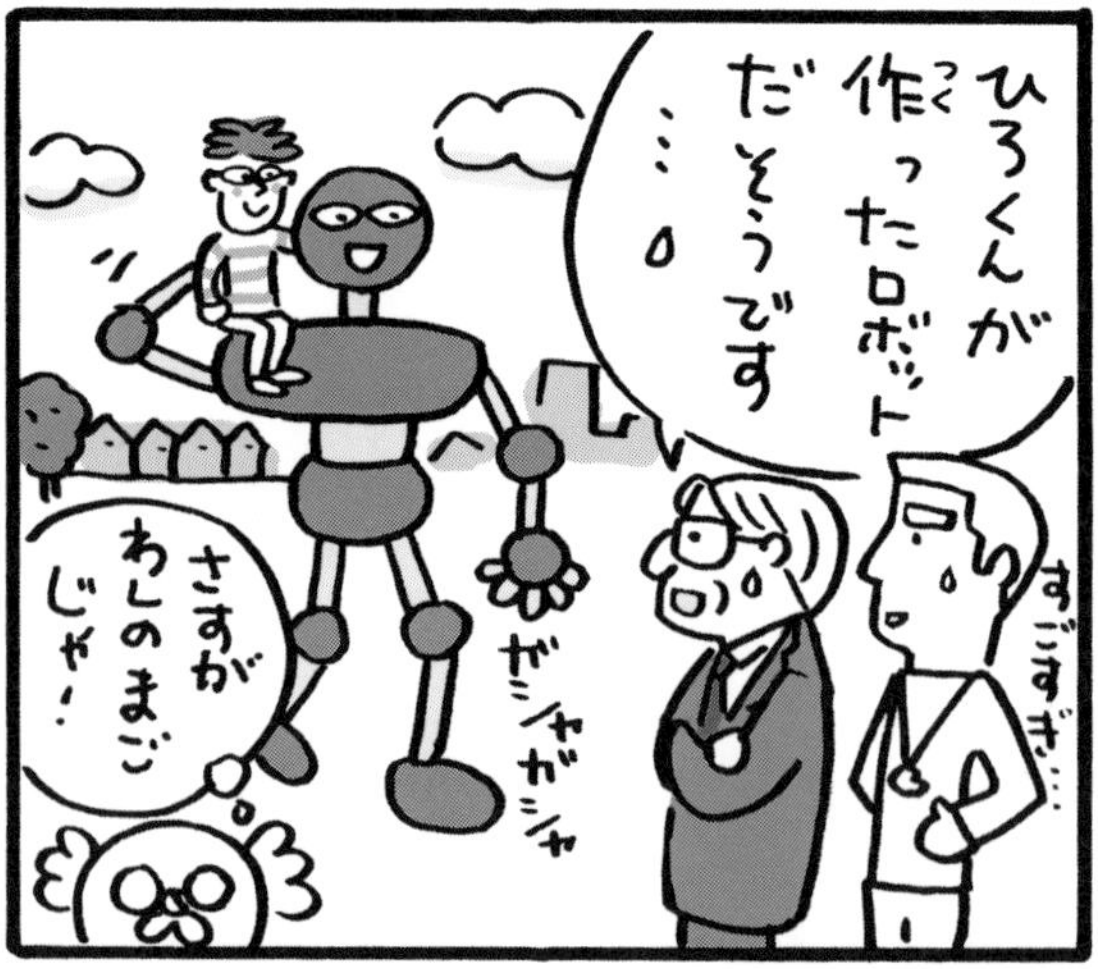

白《しろ》い目《め》で見《み》る

【いみ】

うたがいのきもちや悪意《あくい》をもって、つめたい目つきで人を見ること。

軽べつするように見るというかんじだよ。

【つかいかた】

「きょうはクラシックコンサートだから、しずかにしていてね」

「さわいだら、白い目で見られるよね」

「白い目」には、感情《かんじょう》や温度《おんど》がない、つめたいかんじがするよね

何《なに》食《く》わぬ顔《かお》

【いみ】

本当は知っているのに、知らないふりをした顔をしていること。

「なにもしてないよ」ととぼけてるイメージだね。

【つかいかた】

「せっかく作ったパズル、弟《おとうと》がぐちゃぐちゃにしたんだって？」

「そうなんだよ、何食わぬ顔で『ぼくじゃない』なんていうんだ」

とぼけたかんじがおもしろいことばだね

寝《ね》耳《みみ》に水《みず》

【いみ】

予想《よそう》もしていないことに、すごくおどろくこと。

ねているときに、急《きゅう》に耳に水を入れられるくらいびっくりするイメージだね。

【つかいかた】

「きょう、算数《さんすう》のテストがあるんだって」

「えっ？　ほんと？

それは寝耳に水だよ」

あわてたときこそ、深呼吸《しんこきゅう》しておちつこう！

にたことば

晴天《せいてん》のへきれき

やぶから棒《ぼう》

歯《は》に衣《きぬ》着《き》せぬ

【いみ】

えんりょしないで、おもったままをズバリいうという意味《いみ》。

衣《きぬ》は洋服《ようふく》や着物《きもの》のこと。「衣を着せる」というのは、つつんでおくこと。「着せぬ」は「着せない」、つまり歯《は》をつつまないということから、「相手《あいて》に気をつかわない」というときにつかわれるよ。

【つかいかた】
「きょうのカレー、まずいな」
「おとうさん、その歯に衣着せぬいいかた、よくないよ」
「あの人は、歯に衣着せぬものいいで知られているね」
「毒舌《どくぜつ》っていわれているのは、そのせいなんだね」

ほんとうのことでも、あいてを気づかうきもちをもっていいたいね！

2

歯《は》が立《た》たない

【いみ】

強すぎてまったくかなわない、むずかしすぎてぜんぜんできないという意味《いみ》と、かたくて、かめない、という意味がある。

「かたくて歯でかめない」とイメージするといいよ。

【つかいかた】
「きょうの試合《しあい》、ボロまけしちゃったね」
「うちのチームじゃ、歯が立たなかったな」

歯が立たなくても、チャレンジするのはいいことだ！

耳《みみ》にたこができる

【いみ】

おなじことをなんどもきかされて、うんざりすること。

「たこ」は「ペンだこ」というように、ひふがかたくなってしまうことだね。

【つかいかた】

「学校《がっこう》からかえってきたら、まず宿題《しゅくだい》ね！」

「わかったよ。まいにち、いわれるから耳にたこができたよ」

何回もいいたくなるのは、だいじなことだからだよ

にたことば

耳につく

おにいちゃんが小4のころは、かけっこもてつぼうもいちばんでいつも先生《せんせい》にほめられていたもんだ…
またそのじまんばなしか…100回《かい》はきいたわ…
うんざり

目《め》が利《き》く

【いみ】
ものごとのよい・わるいをみきわめる力がすぐれていること。とおくまでよく見えるという意味《いみ》もあるよ。

「利く」は効果《こうか》があるという意味だね。

【つかいかた】
「ボクのおじいちゃんは、こっとう品《ひん》をあつめているんだ」
「すごい、ふるいものに目が利くんだね」

目が利く人のことを「目利《めき》き」というよ！

にたことば
目が肥《こ》える
目が高い

目《め》から鼻《はな》へ抜《ぬ》ける

【いみ】
頭の回転《かいてん》がはやく、かしこいこと。ものわかりがよくて、ぬけめがないこと。
目と鼻のあいだをいっしゅんで抜けるくらい、すばやいことだよ。

【つかいかた】
「学級《がっきゅう》委員《いいん》になるだけあって、かれはなんでもすぐにこなせるよね」
「うん、目から鼻へ抜けるようだね」

「ものしり」というより「ものわかりがいい」ことだね！

にたことば
一を聞いて十を知る

目《め》からうろこが落《お》ちる

【いみ】

あることをきっかけに、いままでわからなかったことがわかるようになること。

まるで、目が魚のうろこでふさがれているかのように見えなかったのに、あるときうろこがポロポロとおちて、よく見えるようになったという意味《いみ》だね。目の見えなかった人が急《きゅう》に見えるようになったという聖書《せいしょ》のはなしがもとになっているよ。

←

【つかいかた】
「この問題《もんだい》は、
こうやったらどう？」
「そうか！　目からうろこが落ちたよ！」
「ずいぶんはれやかな顔《かお》してるね」
「先生のことばで目からうろこが落ちて、
またがんばろうとおもったんだ」

スッキリ、解決《かいけつ》したら、またつぎにすすめるよ！

2

目《め》の色《いろ》をかえる

【いみ】

おこったり、おどろいたりして、目つきがかわること。**必死《ひっし》になってなにかをすること。**

きもちにスイッチがはいった状態《じょうたい》だね。


【つかいかた】

「こんどのテスト、ぜったい100点《てん》とるんだ!」

「おっ、目の色がかわったわね」

集中《しゅうちゅう》すると、目に本気《ほんき》さがあらわれるんだね!

目《め》も当《あ》てられない

【いみ】

あまりにもひどくて、かわいそうで見ていられないこと。

見るにたえないくらいひどい状態《じょうたい》のときにつかうんだね。

【つかいかた】

「つぎで3回目の挑戦《ちょうせん》だから、うまくいくといいなあ」

「また失敗《しっぱい》したら、目も当てられないよ」

テストで「目も当てられない」点数はとりたくないね！

目《め》を皿《さら》のようにする

【いみ】

目を大きく見ひらいて、よく見ること。

必死《ひっし》にさがしものをするときにつかうよ。

【つかいかた】

「コンタクトレンズ、見つかってよかったね」

「ホント、目を皿のようにしてさがしたよ」

「皿のようにうすく」ではなく

「大きくまるく」の意味《いみ》だよ！

どうしよう～
ママの
ゆびわで
あそんで
いたら…
おとしちゃった…

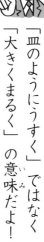

目《め》を白黒《しろくろ》させる

【いみ】

とてもおどろいてあわてること、苦しくて目をしきりに動かすこと。

目の色がかわるのではなく、目玉が動いて、白い目になったり、黒い目になったりするという意味《いみ》から。

【つかいかた】

「そんなにたくさん口に入れたら、つっかえるでしょ」

「びっくりした。目を白黒させちゃったよ」

マンガの絵にあるような表情《ひょうじょう》をイメージしてみよう！

目《め》は口《くち》ほどにものを言《い》う

にたことば

目《め》は心《こころ》の鏡《かがみ》

【いみ】

目は口ではなすのとおなじくらい、きもちをつたえるという意味《いみ》。

ことばではなすのは口であって、目じゃないよね。でも、目にはそのときのきもちがとてもよくあらわれるものなんだ。だから、口でいろいろいったとしても、目をみれば本心《ほんしん》がわかるという意味《いみ》でつかわれるよ。目は心をうつすんだね。

←

【つかいかた】
「なにもいわないのに、
ぼくのきもちがよくわかったね」
「目は口ほどにものを言うからね」
「まけたって、ぜんぜんくやしくないよ」
「目は口ほどにものを言うのよ、
そうは見えないわ」

はなさなくても、目を見れば
相手《あいて》のきもちはわかるよね

2

頭

頭が上がらない
あいてのほうが上でかてない

頭が痛《いた》い
なやみごとがあってつらい

頭がかたい
ゆうずうがきかない

頭かくして尻《しり》かくさず
かくしきれていない

頭が下がる
感謝《かんしゃ》する。
感心《かんしん》させられる

頭をかかえる
解決《かいけつ》できなくてこまっている

頭をしぼる
知恵《ちえ》をだそうと考える

頭をひねる
いろいろ考える。納得《なっとく》できない

頭《とう》角《かく》を現《あらわ》す
才能《さいのう》があってすぐれている

顔《かお》が広い
たくさんの人に知られている

顔《かお》から火が出る
はずかしくて顔がまっかになる

顔《かお》にどろをぬる
はじをかかせる

顔《かお》をくもらせる
しんぱいそうにする

顔《かお》を立てる
めんぼくをなくさないようにする

額《ひたい》を集《あつ》める
みんなであつまって考える

顔《かお》色《いろ》をうかがう
あいてのきもちをおしはかる

顔《かお》が売《う》れる
有名《ゆうめい》になる、広く知られる

顔《かお》が利《き》く
人に知られていてムリがきく

顔《かお》がつぶれる
あわせる顔《かお》がなくなる

顔

顔にかんする ことわざ・慣用句
目、鼻、耳など顔の部分を
つかったことば

耳

耳につく
いつまでも耳にのこる、
うるさくかんじる

耳に入る
きく。きこえてくる

耳にはさむ
ちらっときく

耳を疑《うたが》う
きいたことが信《しん》じられない

耳を貸《か》す
はなしをきく、相談《そうだん》にのる

耳をかたむける
ねっしんにきく

耳をすます
じっときく

耳をそろえる
全部《ぜんぶ》そろえる

寝《ね》耳《みみ》に水
予想《よそう》していないことに
おどろく

耳が痛《いた》い
きくのがつらい

耳が遠《とお》い
よくきこえない

耳が早い
すぐにきいて知っている

耳に入れる
知らせる。つたえる

耳にする
耳に入ってくる。きく

耳にたこができる
同じことをきかされて
うんざりする

鼻

鼻《はな》が高い
とくいなようす

鼻《はな》つまみ
非常《ひじょう》にきらわれている人

鼻《はな》であしらう
あいてを見下《みくだ》したようにする

鼻《はな》で笑《わら》う
ばかにして笑《わら》う

鼻《はな》にかける
じまんげにいばる

鼻《はな》につく
あきて、いやになる

鼻《はな》の下が長《なが》い
女の人にあまいようす

鼻《はな》持《も》ちならない
あいてがいやみでふゆかい

鼻《はな》を明《あ》かす
じまんげなあいてに
あっといわせる

鼻《はな》を折《お》る
じまんげなあいてをくじく

舌《した》の根《ね》が
かわかぬうちに
いったすぐあとで

舌《した》を出《だ》す
かげでばかにする

舌《した》を巻《ま》く
ことばがでないくらい感心《かんしん》する

舌《した》が肥《こ》える
味《あじ》がよくわかる

舌《した》がすべる
うっかりしゃべる

舌《した》が回《まわ》る
よくしゃべる

舌

目につく
気になって見てしまう

目の色をかえる
必死《ひっし》になって目つきがかわる

目の上のたんこぶ
じゃまな人

目の敵《かたき》にする
なにかにつけて敵《てき》として見る

目の中に
入れても痛《いた》くない
ものすごくかわいがっている

目の覚《さ》めるよう
とてもうつくしいようす

目の毒《どく》
ほしくなるので
見ないほうがいいもの

目は口ほどに
ものを言《い》う
目はきもちをつたえる

目が回《まわ》る
めまいがする。
ものすごくいそがしい

目から鼻《はな》へ
ぬける
ものわかりがとてもよい

目くじらを立てる
ささいなことにとてもおこる

目と鼻《はな》の先
すぐ近く

目にあまる
みのがすことができない

目に角《かど》を立てる
おこってにらむように見る

白い目で見る
つめたい目つきで見る

日の目を見る
世の中に知られるようになる

目がくらむ
目がくらくらする。ほしくなって
正しいはんだんができない

目がない
ものすごく好《す》きである

目が早い
早く見つける

目

歯《は》が浮《う》く
見えすいたおせじにいやなきもちになる

歯《は》に衣《きぬ》着《き》せぬ
思ったままズバリいう

歯《は》の根《ね》が合わない
ふるえて歯《は》がガチガチとなる

歯《は》を食《く》いしばる
いっしょうけんめいにこらえる

歯

目を光《ひか》らす
きびしく見はる

目を引《ひ》く
ついきもちが
ひきよせられる

目を細《ほそ》める
うれしそうに見る

目を丸《まる》くする
おどろいて目をみひらく

目をみはる
おどろき感心《かんしん》して
目を大きくひらく

目をむく
おこって目が大きくひらく

まゆをひそめる
よくないことを見て
いやな顔《かお》をする

目を配《くば》る
気にかけて見る

目をくらます
人の目をごまかす

目を凝《こ》らす
集中《しゅうちゅう》してよく見る

目を三《さん》角《かく》にする
おこって目をつりあげる

目を白黒《しろくろ》させる
おどろいてあわてる

目をつぶる
見なかったことにする

目を通《とお》す
ひととおり見る

目《め》端《はし》が利《き》く
そのときにおうじた
行動《こうどう》ができる

目《め》鼻《はな》がつく
だいたいできあがる

目も当《あ》てられない
ひどくて見ていられない

目もくれない
まったく見ない。意識《いしき》しない

目を疑《うたが》う
見たものがしんじられない

目を奪《うば》われる
すばらしくて
目がはなせない

目をかける
かわいがる。気にかける

口

口をそろえる
そろっておなじことをいう

口を出す
かんけいないことでも
はなしに入る

口をとがらせる
ふまんそうな顔《かお》つきをする

口をはさむ
わりこんではなす

口を割《わ》る
はくじょうする

人の口に
戸は立てられぬ
うわさはとめられない

減《へ》らず口をたたく
まけおしみやヘリクツをいう

口車《くちぐるま》に
乗《の》せられる
じょうずなはなしかたに
だまされる

口に合う
味《あじ》が好《この》みに合う

口は災《わざわ》いのもと
うっかりはなしたことが
さいなんになる

口《くち》火《び》を切る
はじめにする。
きっかけをつくる

口を切る
何人かいる中で
はじめにはなす

口を酸《す》っぱくする
何《なん》度《ど》もおなじことをいう

口がうまい
人が気に入るようなことをいう

口が重《おも》い
ほとんどはなさない

口がかたい
ひみつをかるがるしくいわない

口が軽《かる》い
なんでも人にいってしまう

口がすべる
いうつもりではないのに
ついいってしまう

口が減《へ》らない
どんなことでもいいわけする

あご

あごで使《つか》う
人にめいれいしてやらせる

あごを出す
すっかりつかれてしまう

のどから手が出る
ものすごくほしい

2章

体にかんする

ことわざ・慣用句

揚《あ》げ足《あし》をとる

【いみ】

あいてがまちがえていったことをとらえて、からかったりやりこめること。

すもうで、せめてきたあいてのういた足をとることからきているよ。

【つかいかた】

「おかあさんは電話《でんわ》ではなすときは、別人《べつじん》のようにおしとやかだね」

「揚げ足をとるようなこと、いわないのよ」

人のまちがいばかりに注目《ちゅうもく》していると、いいところが見えてこないよ

あ…ありがとうでございます…
へんないいかたっ
きんちょうしているのよ！やめなさい揚《あ》げ足《あし》をとるのは！
おにいちゃんでしょ！

足が棒《ぼう》になる

【いみ】

ながい時間《じかん》、あるきつづけたり、立ちつづけたりして足がつかれてしまうこと。

足がこわばって、うごかなくなるようすのことだね。

【つかいかた】

「おかえり！　遠足《えんそく》はどうだった？」

「一日中、山の中をあるきまわって、足が棒になったよ」

足がつかれたときの感覚《かんかく》をおもいだしてみよう

足元《あしもと》を見《み》る

【いみ】
あいてのよわいところを見つけて、つけこむこと。
自分《じぶん》よりも下に見て、そこをついてくるようなかんじだね。

【つかいかた】
「たくさんうれのこっていたから、ねぎっちゃったわ」
「足元を見るような買《か》いかただね」

よわいところにつけこむのは、フェアじゃないなぁ

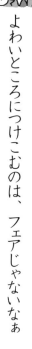

足《あし》を洗《あら》う

【いみ】

よくないことやよくない仕事《しごと》をやめて、まじめになること。

よごれた足を洗ってきれいにするということからできたことばだよ。

【つかいかた】

「近所《きんじょ》の不良《ふりょう》グループたちをみかけないね」

「足を洗って、マジメになったのかもね」

「わるいことをやめました」より「足を洗いました」のほうがきもちがつたわるね！

にたことば

手を切る

手をひく

すねをかじる

【いみ】
自分《じぶん》の力だけで生活《せいかつ》することができないため、親《おや》やきょうだいにえんじょしてもらうこと。

「すね」は、ひざから下の部分《ぶぶん》で、たたかれただけでものすごくいたい。そこをかじられるなんて、やしなわなくてもいい人の生活費《ひ》をえんじょしなくてはならないつらさが、つたわってくるようだね。えんじょしてもらう人のことは「すねかじり」というよ。

←

【つかいかた】

「となりのウチのお子さんは、
もう成人《せいじん》なのにプラプラしてるね」
「まだ親のすねを
かじっているらしいよ」

「おとうさん、学生《がくせい》のとき
バイトしてたの？」
「そうだよ、親のすねを
かじらないようにがんばってたよ」

社会人としての自立《じりつ》の第一歩《だいいっぽ》は、
「すねかじり」からの卒業《そつぎょう》なんだね！

2

後《うし》ろ指《ゆび》をさされる

【いみ】
かくれたところで悪口《わるくち》をいわれること。
うしろから指をさされて、悪口をいわれているところをイメージしてみよう。

【つかいかた】
「学校のルールはちゃんとまもるのよ」
「後ろ指をさされないように気をつけるよ」

「後ろ指」はさすのも、さされるのもいやだね

腕《うで》によりをかける

【いみ】

自分《じぶん》の力をじゅうぶんに見せようとはりきること。

「よりをかける」とは、ほそい糸をねじりあわせることだよ。


【つかいかた】

「ぼくのたんじょうびだから、こんなにすごい料理《りょうり》を作ってくれたの？」

「そうだよ、おとうさんが腕《うで》によりをかけて作ったんだぞ！」

腕《うで》によりをかけてできることが、ひとつぐらいあるといいね

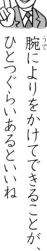

肩《かた》で風《かぜ》を切る

【いみ】

とくいそうに、いばっているようす。

肩に力が入っていて、びゅんびゅんと風を切っているイメージだよ。

【つかいかた】

「あの子、テストで学年一位《がくねんいちい》だったんだって」

「だから肩で風を切ってあるいているんだね」

自信《じしん》があるのはいいけれど、いばるのはよくないね

肩《かた》を持《も》つ

【いみ】

味方《みかた》をすること、ひいきすること。

相手《あいて》の肩に手をかけて、かばってあげるようなイメージだよ。


【つかいかた】

「おにいちゃんなんだから、ガマンしろ」

「もう！　おとうさんはいつもいもうとの肩を持つんだから」


味方になって、かばってあげたい人って、いるかな？

にたことば
肩《かた》を入《い》れる
肩入《かたい》れする

背《せ》に腹《はら》はかえられない

【いみ】

だいじなことのためには、ほかのことなどかまっていられない、ほかのものをうしなってもしかたがないという意味《いみ》。

だいじな腹をまもるために、背中をぎせいにするというたとえだね。この場合《ばあい》の腹は、体の中心《ちゅうしん》にあるたいせつな部分《ぶぶん》という意味でつかわれているよ。

←

【つかいかた】


「貯《ちょ》金《きん》してたお金、つかうの？」

「どうしてもあの本がほしいんだ。

背に腹はかえられないよ」


「あれ？　もうおやつ食べちゃうの？」

「おなかがすいて、これ以上、歩けない。

背に腹はかえられないよ」

ぜったいにたいせつなもの、
ゆずれないことがあるのはいいことだよ

2

腰《こし》を折《お》る

【いみ】

とちゅうでジャマをすること。

つづいてきたことが、腰を折るように、ポッキリまげられてしまうという意味《いみ》だね。

【つかいかた】

「おなかすいたなぁ」

「せっかくいいはなし、してるんだから、はなしの腰を折らないでよ」

かんけいのないことをいって、はなしの腰を折らないようにしたいね！

手《て》塩《しお》にかける

【いみ】

自分《じぶん》の手で、たいせつにめんどうをみること。

「手塩」は、自分のすきな味にちょうせつするためにかける塩のことだよ。

【つかいかた】

「このお花、すごくきれいね！」

「たねまきからずっと、手塩にかけてそだててきたからね」

心《こころ》からたいせつにしてきたものには、とくべつの愛着《あいちゃく》があるよね

手《て》も足《あし》も出《で》ない

【いみ】
自分《じぶん》の力ではどうすることもできないようす。なにも方法《ほうほう》がないというかんじだね。

【つかいかた】
「きょうのサッカーのしあい、ぜんぜんダメだったね」
「あいてがつよすぎて、手も足も出なかったよ」

手や足を出してもしょうがないというかんじかな！

にた
ことば

手にあまる
手におえない

手《て》をこまねく

【いみ】
なにもできず、ただ見ているだけの状態《じょうたい》のこと。
「こまねく」というのは腕《うで》を組《く》むという意味《いみ》だよ。
「手をこまぬく」ともいう。

【つかいかた】
「さっきのケンカは、とめようがなかったよね」
「あまりにもひどすぎて、手をこまねいて見ているだけだったよ」

なにもできなくてこまっているようすだね！

二《に》の足《あし》をふむ

【いみ】

きもちがすすまず、しりごみしたり、ためらったりすること。

二の足とは二歩目《にほめ》のこと。一歩目は前へふみだしたけれど、二歩目がでなくて、その場で足ぶみしてしまうイメージだね。「ふむ」というと足を出したようにかんじるかもしれないけど、「その場でふむ＝足ぶみ」という意味《いみ》だから、けっきょく、とまっているんだ。

【つかいかた】

「あれ？　およがないの？」

「うーん、さっきとびこみに失敗《しっぱい》したから、
二の足をふむなぁ」

「おとうさんに見せてらっしゃい」

「このテストの点数《てんすう》じゃ、
二の足をふむわ……」

どんなときも、前へふみだす勇気《ゆうき》が必要《ひつよう》だよ！

腹《はら》を決《き》める

【いみ】

かくごすること。決心《けっしん》すること。

おなかにグッと力が入った状態《じょうたい》をイメージしよう。

【つかいかた】

「生徒会長選挙《せいとかいちょうせんきょ》に立候補《りっこうほ》するんだね」

「落選《らくせん》してもいいんだ。腹を決めて、がんばるよ」

おなかに力を入れると、体中にエネルギーがわいてくるよ！

かんとく！ぼくはどんなツライ練習《れんしゅう》もがんばる！腹《はら》を決《き》めました!!
よし！がんばれ!!

腹《はら》を割《わ》る

【いみ】

心でおもっていることをかくさずにうちあけること。

おなかの中にあることをすべて見せるというかんじだね。

【つかいかた】

「いつまでもケンカしていても、しょうがないよ」

「そうだね、おたがいに腹を割ってはなそう」

友だちとは、なんでもはなせるといいね!

にたことば

胸《むね》を割る

身《み》を粉《こ》にする

【いみ】

たいへんでもいやがらず、くたくたになるまで一《いっ》生懸命《しょうけんめい》はたらくこと。

体がこなごなになるくらいがんばるかんじだね。

【つかいかた】

「おじいちゃんも、昔《むかし》はくろうしたんだね」

「わかいころは、身を粉にしてはたらいたもんだ」

自分《じぶん》の体を気づかわないくらい必死《ひっし》なことだよ！

胸《むね》を借《か》りる

【いみ】

自分《じぶん》よりも実力《じつりょく》のある人に、試合《しあい》や練習《れんしゅう》のあいてになってもらうこと。

勝《か》ち負《ま》け関係《かんけい》なく、力をつけるためにあいてになってもらう、というかんじだね。

【つかいかた】

「きょうの決勝戦《けっしょうせん》のあいてはすごくつよいチームなんでしょ？」
「うん、胸を借りるつもりでがんばるよ」

あいてが自分より上だとおもえば、リラックスしてたたかえるね！

身《み》から出《で》たさび

【いみ】

自分《じぶん》がしたわるいことのおかげで、自分がくるしいおもいをすること。

四字熟語《よじじゅくご》の「自業自得《じごうじとく》」「因果応報《いんがおうほう》」とおなじように、わるいことをするとそのまま自分にかえってくるというおしえだね。かたなにさびがでて、つかえなくなってしまうということからできたことばなんだ。あとのことを考えて行動《こうどう》するようにしよう。

【つかいかた】

「あー！　教科書《きょうかしょ》が見つからないよ！」

「まったく、だらしがないからよ。

身から出たさびね」

「また、せいせきが下がっちゃった」
「やれやれ。身から出た
さびだとおもって、反省《はんせい》しなさいよ」

自分のためにも、
わるいことはしないでおきたいね

腕

腕《うで》が上がる
うまくなる

腕《うで》が鳴《な》る
うでまえを見せたくて
うずうずする

腕《うで》に覚《おぼ》えがある
とくいなことなので自信《じしん》がある

やせ腕《うで》にも骨《ほね》
弱《よわ》いものにもいじがある

肩

肩《かた》で息《いき》をする
くるしそうなようす

肩《かた》で風《かぜ》を切る
とくいそうにいばる

肩《かた》の荷《に》がおりる
気になることが
かいしょうして安心する

肩《かた》を落《お》とす
がっかりする

肩《かた》をならべる
おなじくらいの力がある

肩《かた》を持《も》つ
味方《みかた》をする。ひいきする

首

首《くび》が回《まわ》らない
借金《しゃっきん》などがあって、
どうにもならない

首《くび》をすくめる
首をちぢめる

首《くび》をつっこむ
さんかする

首《くび》を長《なが》くする
まちこがれている

首《くび》をひねる
考えこむようす

首《くび》をよこにふる
さんせいしない

体にかんする
ことわざ・慣用句
首、胸、腰、肝など
体の部分をつかったことば

胸

胸《むね》をふくらませる
こころがきぼうや
よろこびであふれる

胸《むね》にせまる
強く感動《かんどう》する

胸《むね》を痛《いた》める
しんぱいして、
こころをなやませる

胸《むね》をおどらせる
こころをわくわくさせる

胸《むね》をこがす
思いをよせる

胸《むね》を借《か》りる
上の人にあいてになってもらう

胸《むね》をそらす
とくいそうになる

胸《むね》をときめかす
こころをわくわくさせる

胸《むね》をなでおろす
ほっと安心する

胸《むね》が痛《いた》む
悲《かな》しくてつらいきもちになる

胸《むね》がおどる
うれしくてこころがはずむ

胸《むね》がさわぐ
こころがおちつかない

胸《むね》がすく
せいせいする

胸《むね》がつぶれる
悲《かな》しみや心配《しんぱい》で
こころがいっぱいになる

胸《むね》が張《は》りさける
悲《かな》しみやくやしさで
こころがいっぱいになる

胸《むね》におさめる
だれにもいわず
こころにひめること

腹

腹《はら》をさぐる
あいてのきもちをさぐる

腹《はら》をすえる
覚悟《かくご》する

腹《はら》を割《わ》る
かくさずうちあける

腹《はら》の虫が
おさまらない
頭にきてがまんできない

腹《はら》をかかえる
おかしくて大《おお》わらいする

腹《はら》を決める
覚悟《かくご》する。決心《けっしん》する

腹《はら》をくくる
覚悟《かくご》をきめる。決心《けっしん》する

腹《はら》が黒《くろ》い
わるい考えをかくしもっている

腹《はら》がすわる
度胸《どきょう》があっておちついている

腹《はら》が立つ
おこる。頭にくる

腹《はら》にすえかねる
がまんできない

手を打《う》つ
はなし合ってまとめる

手をつける
ものごとにとりかかる

手を切る
かんけいをたつ

手にあせ(を)にぎる
どうなることかと心配《しんぱい》する

手に負《お》えない
自分《じぶん》ではどうにもできない

手につかない
おちついてできない

手があく
ある仕事《しごと》がおわってヒマになる

手がかかる
てまや時間がかかる

手がすく
ある仕事《しごと》がおわってヒマになる

手・指

手を加える
たりないところをおぎなう

手をこまねく
なにもできずただ見ている

手をぬく
いいかげんにやる

手をひく
かかわりをやめる

手を広《ひろ》げる
やることのはんいを
ひろげる

手を回《まわ》す
こっそり手配《てはい》する

手を焼《や》く
もてあます

指《ゆび》をくわえる
手に入らなくて
ただながめている

手に取るように
目の前にあるようにみえる

手に乗《の》る
人の計画《けいかく》にひっかかる

手の内《うち》を明《あ》かす
考えをしめす

手も足も出ない
どうすることもできない

手八丁《はっちょう》口八丁
しゃべることも、
することもじょうず

手をかえ品をかえ
いろいろなやりかたで

手を入れる
おぎなう、修正《しゅうせい》する

手がつけられない
どうすることもできない

手がはなれる
成長《せいちょう》して手がかからなくなる

手ごころを加《くわ》える
手かげんする

手塩《てしお》にかける
たいせつにせわをする

手玉《てだま》にとる
相手《あいて》を思うようにあやつる

手取り足取り
ていねいにおしえる

度肝《どぎも》をぬかれる

ものすごくおどろく

肝《きも》がすわる

どっしりとおちついている

肝《きも》が小さい

気が小さい

肝《きも》が太《ふと》い

度胸《どきょう》がある

肝《きも》に銘《めい》じる

わすれないように
こころにきざむ

肝《きも》をつぶす

とてもびっくりする

肝《きも》を冷《ひ》やす

おどろいて、ゾッとする

肝

尻

尻馬《しりうま》に乗《の》る

人にあわせて行動《こうどう》する

尻《しり》に火がつく

さしせまっていてあわてる

尻《しり》が重《おも》い

なかなかやらない

肌

肌《はだ》があう

気があう

背《せ》に腹《はら》は
かえられない

だいじなことのために
ほかをぎせいにする

背《せ》を向《む》ける

きょうみのないたいどをとる

背

腰《こし》を折《お》る

とちゅうでジャマをする

腰《こし》を据《す》える

じっくりとやる

腰《こし》が低《ひく》い

いばらない

腰《こし》が弱《よわ》い

気が弱い。だんりょくがない

腰《こし》ぎんちゃく

その人のきげんをうかがう人

腰

足

足をのばす
くつろぐ、とおくに行く

足を運《はこ》ぶ
わざわざでかける

足を引《ひ》っぱる
ほかの人のジャマをする

ひざが笑《わら》う
足がつかれて
ひざに力がはいらない

ひざを進《すす》める
あいてに近づく

ひざを正す
あらたまったたいどになる

ひざを交える
したしく話し合う

足が早い
くさりやすい

足が棒《ぼう》になる
足がつかれる

足《あし》手《で》まとい
やくにたたずジャマになる

足《あし》元《もと》にも
およばない
あいてがすぐれていて、
自分《じぶん》とはくらべものにならない

足元に火がつく
きけんがせまっている

足元を見る
あいての弱点《じゃくてん》につけこむ

足を洗う
よくないことからぬけだす

足をうばわれる
交通手段《しゅだん》がつかえなくなる

揚《あ》げ足をとる
あいてのまちがいをやりこめる

足が地につかない
うわついていて
しっかりしていない

足がつく
犯人《はんにん》の足どりがわかる

足が出る
よていよりお金がかかる

足がにぶる
いきたくないのであるくのが
ゆっくりになる

その他

骨《ほね》をおる
くろうする、努力《どりょく》する

身につく
できるようになる

つめのあかほど
ほんのすこししかないこと

つめをとぐ
チャンスにそなえて準備《じゅんび》する

つめに火をともす
せつやくするようす

3章

数にかんする

ことわざ・慣用句

悪《あく》事《じ》千《せん》里《り》を走《はし》る

【いみ】

悪いことをすると、そのうわさはすぐに知れわたってしまうということ。

一里は約四キロ、千里はすごく遠《とお》いというたとえ。

【つかいかた】

「かきをだまってとっておこられたこと、みんな知ってるみたいなんだ」

「そっか、悪事千里を走るってことだね」

いいことより悪いことのほうが話題《わだい》になりやすいから気をつけよう

石《いし》の上《うえ》にも三《さん》年《ねん》

【いみ】

つらいことでもがまんしていれば、いいことがあるということ。

つめたい石の上でも、三年すわっていればあたたかくなるという意味《いみ》だよ。

【つかいかた】

「習字《しゅうじ》、ぜんぜんうまくならないよ」

「石の上にも三年というから、つづけてみなさい」

はじめはうまくいかないもの、すぐにあきらめるのはもったいないよ！

にたことば

待《ま》てば海路《かいろ》の日和《ひより》あり

一《いち》難《なん》去《さ》ってまた一《いち》難《なん》

【いみ】
ひとつのさいなんをきりぬけたと思ったら、またべつのさいなんがくること。

【つかいかた】
「パパにおこられたら、こんどはママだよ」
「一難去ってまた一難だね」

たいへんなことはそんなにながくはつづかないとおもってがんばろう！

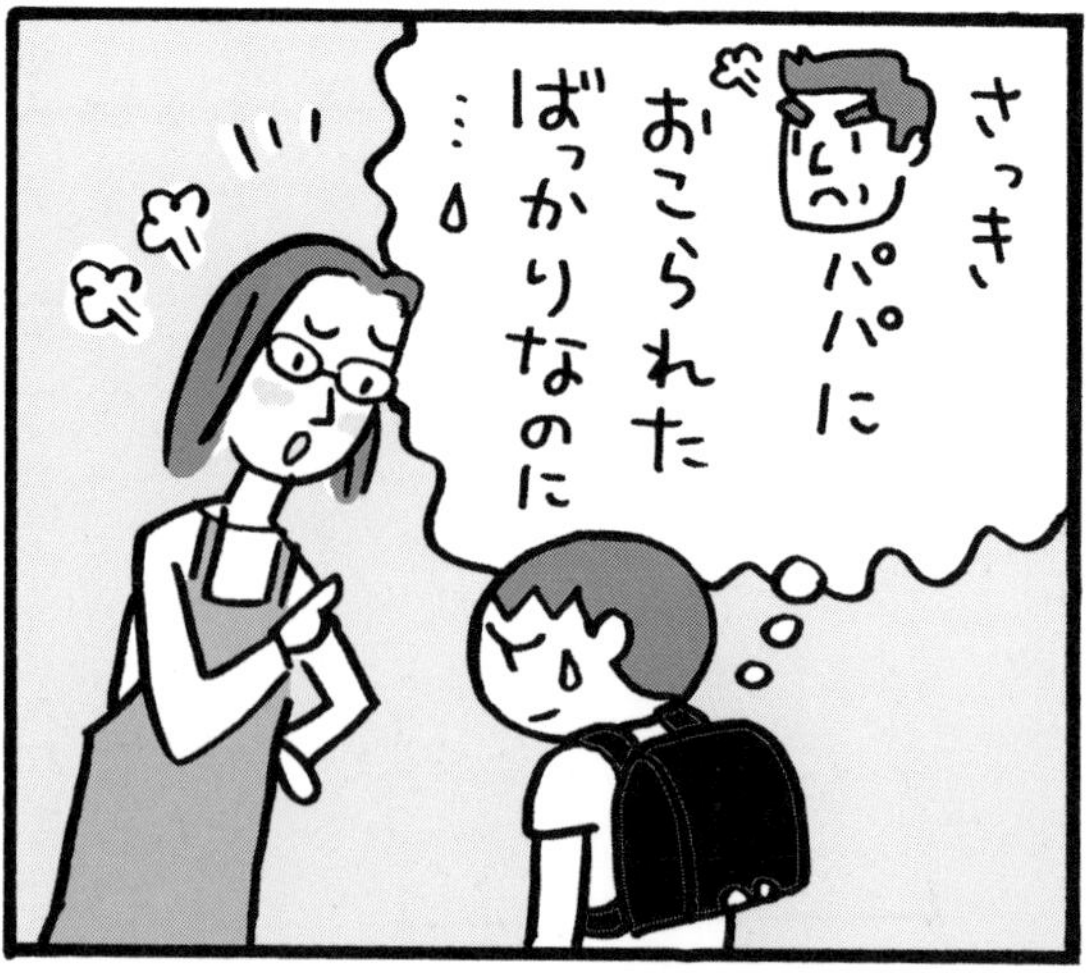

にたことば
前《ぜん》門《もん》のとら
後《こう》門《もん》のおおかみ

一《いち》を聞《き》いて十《じゅう》を知《し》る

【いみ】
すこしのことをきいただけで、全体《ぜんたい》がわかること。
ひじょうにかしこいことのたとえ。

【つかいかた】
「本をちょっとよんだら、だいたいわかった」
「すごいね、一を聞いて十を知るだね」

ポイントをうまくつかめば、すこしの情報《じょうほう》でも全体が理解《りかい》できるよ！

にたことば
目から鼻《はな》へ抜《ぬ》ける

1+1=2ですね
…ということは集合論的《しゅうごうろんてき》にあーなって、ユークリッド幾何学《きかがく》に応用《おうよう》してカオス理論《りろん》に
…
そこまでわかるの?!

三人《さんにん》よれば文殊《もんじゅ》の知恵《ちえ》

【いみ】ふつうの人でも、三人あつまるとよい知恵《ちえ》がうまれるということ。

「文殊」というのは文殊菩薩《ぼさつ》のことで、知恵の仏《ほとけ》さまだよ。一人ではどうしようもないとき、みんなで力をあわせたらいい方法《ほうほう》が見つかったということ、ないかな。人は自分《じぶん》とちがう考えをもっているから、いろんな知恵があつまるということだね。

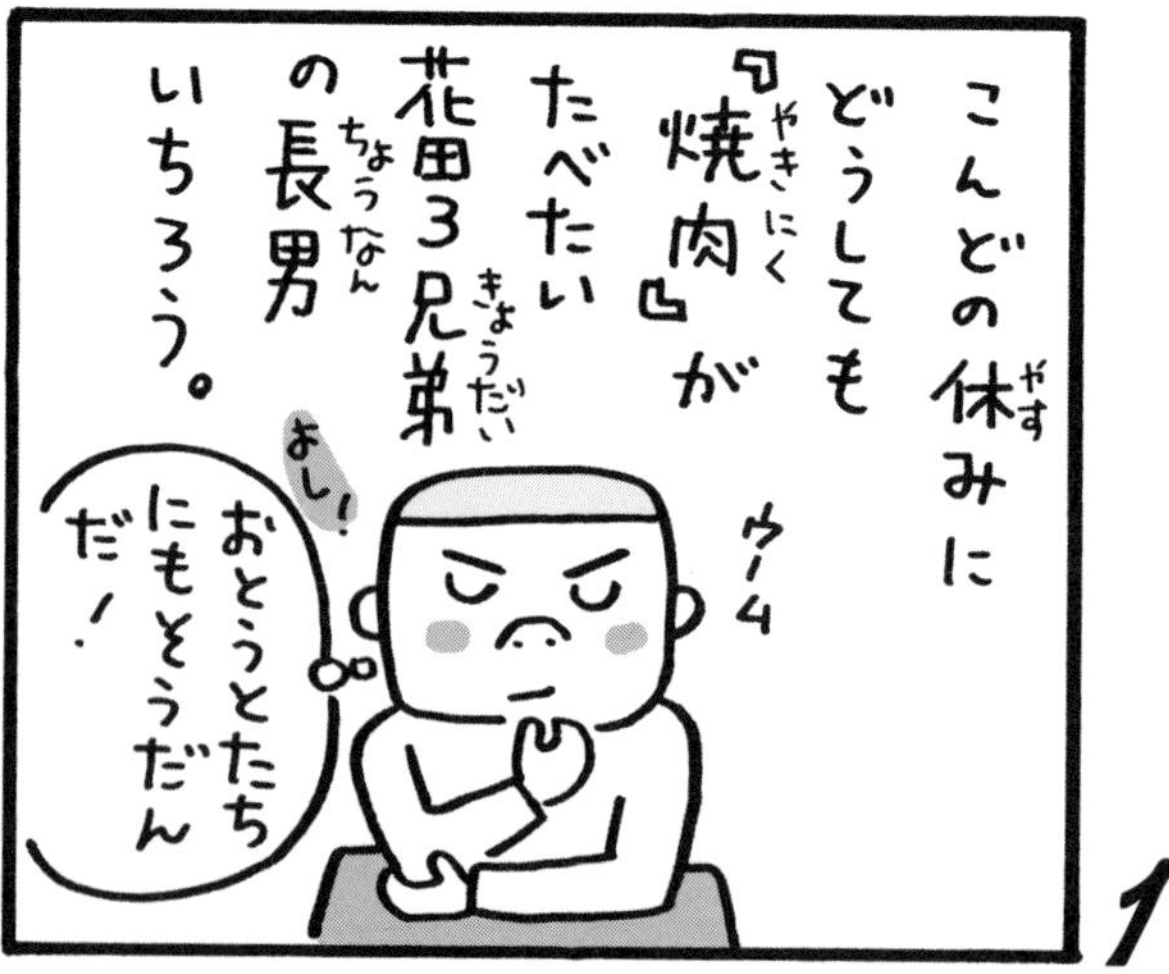

←

【つかいかた】
「こんどの学級会《がっきゅうかい》、かかりになったけど、
なにをすればいいかわからないよ」
「三人よれば文殊の知恵、
みんなでいっしょに考えてみようよ」
「会社《かいしゃ》でなかまとはなしていると、
どんどんアイデアがでてくるんだよ」
「すごいねおとうさん、
三人よれば文殊の知恵だね」

みんなではなしあうと、
しげきされていいアイデアがでてくるね！

2

一寸先《いっすんさき》は闇《やみ》

【いみ】

ちょっと先のことでも、よそくできないということ。

一寸は約《やく》三センチ。ほんのすこし先のことはわからないという意味《いみ》だね。

【つかいかた】

「きょうの試合《しあい》はぜったい勝《か》つ、とみんながおもっていたのに、まけちゃうなんて」

「一寸先は闇だね、びっくりしたよ」

よくない未来《みらい》につかわれることばだよ!

前半《ぜんはん》はかったが
ゆだんするな!!
一寸先《いっすんさき》は闇《やみ》だぞ。
気《き》をひきしめて
後半《こうはん》も
いこう!

一寸《いっすん》の虫《むし》にも五分《ごぶ》の魂《たましい》

【いみ】

どんなに小さくよわいものでも、それなりに意地《いじ》や考えはあるからバカにしてはいけないということ。

【つかいかた】

「ハチはてきにたいして必死《ひっし》にたたかうね」

「一寸の虫にも五分の魂だからね」

生きとし生けるものすべてに敬意《けいい》をもとう！

にたことば

なめくじにも角《つの》がある

やせ腕《うで》にも骨《ほね》

三《さん》度《ど》目《め》の正《しょう》直《じき》

【いみ】

一回目や二回目は失敗《しっぱい》しても、三回目はかならず、うまくいく、ということ。

【つかいかた】

「おにいさん、試験《しけん》、どうだった？」

「三度目の正直でやっと受《う》かりそうだよ」

二回だめでも三回目がある、とおもえば、やる気もでるね！

三拍子《さんびょうし》そろう

【いみ】
三つのひっような条件《じょうけん》が、三つともそろっている。

【つかいかた】
「あの人、顔《かお》もいいし、スタイルはいいし、性格《せいかく》もいい」
「三拍子そろった美人《びじん》って、いるんだね」

キミもなにか三拍子そろった得意《とくい》なことをもとう！

七《なな》転《ころ》び八《や》起《お》き

【いみ】

何回《なんかい》、失敗《しっぱい》しても、あきらめず、がんばること。

七回転《ころ》んでも八回起きあがるという意味《いみ》で、最後《さいご》に起きあがっておわるのがポイントだよ。七回、八回というのは、「回数《かいすう》がおおい」ことをあらわしているんだ。たくさん失敗しても、おちこまずにがんばって、さいごに成功《せいこう》しておわればいい、というおしえだね。

【つかいかた】

「やっとさかあがりができたよ！」

「すごいわね！

七転び八起きでがんばったね」

「このピアノの曲《きょく》、どうして
おなじところでまちがえちゃうんだろう」

「七転び八起き、もう一回、やってみて！」

できるとしんじて、あと一回がんばってみよう！

2

天《てん》は二《に》物《ぶつ》を与《あた》えず

【いみ】
よいところがいくつもそろった人はいないということ。

【つかいかた】
「キミは勉強《べんきょう》はできるのに運動《うんどう》はダメだね」
「まさしく、天は二物を与えず、だよ」

キミたちには二つも、三つも、いいところをそなえてほしいな

なくて七癖《ななくせ》

【いみ】

くせがないように見える人でも、なにかしらくせがあるということ。

最低《さいてい》でも七つはくせがあるということだね。


【つかいかた】

「緊張《きんちょう》すると目をパチパチさせるよね」

「えー、ぜんぜん気づかなかったよ。なくて七癖だね」

友だちやおうちの人に、自分《じぶん》の意外《いがい》なくせをきいてみよう！

二《に》階《かい》から目《め》薬《ぐすり》

【いみ】
思うようにならなくて、じれったくてしょうがないこと。きき目がないこと。
二階から下にいる人に目薬をさしてもうまくいかないことから。

【つかいかた】
「右手、けがしてたいへんだね」
「左手で字をかいていると、二階から目薬みたいでじれったいよ」

効率的《こうりつてき》な方法《ほうほう》を見つけることもだいじだよ！

にたことば
手にあまる
手におえない

セーターに、毛玉《けだま》がいっぱい！
ひとつひとつとるのは、二階《にかい》から目《め》薬《ぐすり》ね！

二度《にど》あることは三度《さんど》ある

【いみ】
ものごとはくりかえしておこるものだということ。

【つかいかた】
「きょう、二回もころんじゃったよ」
「二度あることは三度あるっていうから、気をつけてね」

よくないことがくりかえされることにつかわれるね！

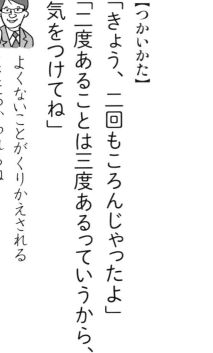

コンビニ
おす
イタタタッ
自《じ》動《どう》ドアだと思《おも》ったのに…これで3回目だよ…。

二兎《にと》を追《お》うものは一兎《いっと》をも得《え》ず

にたことば

あぶはちとらず

【いみ】

二つのことを同時《どうじ》にしようとすると、どちらもうまくいかないということ。

「二兎」は二わのうさぎ、一兎は一わのうさぎのこと。二わをいっぺんに手に入れようとよくをだすと一わもつかまえられない。やるべきことをひとつにしぼったほうがいい、というおしえだね。

日ようにに柔道《じゅうどう》と野球《やきゅう》のしあいが重《かさ》なりなやむたくみくん。
ウーム
1

【つかいかた】
「バレンタインデーでふたりにあげたら
両方《りょうほう》ともだめだった」
「二兎を追うものは一兎をも得ずよ。
本命《ほんめい》だけにすればよかったのに」

「バスケットとサッカー、
どっちもやりたいなぁ」
「どちらかにしたほうがいいよ、
二兎を追うものは一兎をも得ず。
りょうほうともモノにならないよ」

一つずつ挑戦《ちょうせん》して
できるようになることがたいせつだよね！

早起《はやお》きは三文《さんもん》の徳《とく》

【いみ】

早起きをすると、なにかしらいいことがあるということ。

「文」は昔《むかし》のお金の単位《たんい》で三文はちょっとのお金のこと。

【つかいかた】

「早く起きたら、朝顔《あさがお》がさいてたよ！」
「よかったわね、早起きは三文の徳ね」

早起きしたら、いくついいことがあったかかぞえてみよう！

人《ひと》のうわさも七《しち》十《じゅう》五《ご》日《にち》

【いみ】

うわさは時間がたつとわすれられるということ。

うわさはずっとはつづかないという意味《いみ》だね。

【つかいかた】

「みんながボクの失敗《しっぱい》をうわさしてるよ」

「人のうわさも七十五日。すぐにわすれるよ」

わるいうわさでもいつかはわすれられるから、気にしないように！

仏《ほとけ》の顔《かお》も三度《さんど》

【いみ】

どんなにおだやかな人でも、何度《なんど》もひどいことをされればおこるということ。

「仏」はおだやかでやさしい人のことだよ。

【つかいかた】

「あっ、またくつをぬぎっぱなしにしちゃった」

「ちゃんとそろえなさい！仏の顔も三度までよ！」

三回以内《いない》でしっかり反省《はんせい》してこころをいれかえよう！

三《み》つ子《ご》の魂《たましい》百《ひゃく》まで

【いみ】

おさないころの性質《せいしつ》は、大人になってもかわらないということ。

人は「百歳《ひゃくさい》までかわらない」という意味《いみ》だね。

【つかいかた】

「パパは、子どものころから足がはやかった？」

「うん、三つ子の魂百までっていうからな」

一度身につくと、なかなかわすれないものだよ！

にたことば

雀百《すずめひゃく》まで踊《おど》り忘《わす》れず

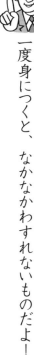

百聞《ひゃくぶん》は一見《いっけん》にしかず

【いみ】

あることについて何回《なんかい》もはなしをきくよりも、一回でも自分《じぶん》で見たほうがよりよくわかるということ。

「百回聞くことは、一回見ることにかなわない」という意味《いみ》だね。どんなことでも、自分の目で見てたしかめることがたいせつだというおしえなんだね。

「百聞」は何度《なんど》も耳で聞《き》くこと、「一見」は一度、見ること。「しかず」はおよばない、という意味。

【つかいかた】
「やっぱり、富士山《ふじさん》のよさは、
実際《じっさい》に見るとわかるね」
「そうでしょ、百聞は一見にしかずよ」
「かわいい子が転校《てんこう》してきたんだって？」
「とにかく見においでよ、
百聞は一見にしかずだよ」

だいじなことは自分の目でたしかめておきたいね！

数にかんすることわざ・慣用句

一、二、三と数字を
つかったことば

一

一家《いっか》をなす
学問《がくもん》などで
みとめられた人になる

一巻《いっかん》の終《お》わり
すべてが終わること

一国一城《いっこくいちじょう》の主《あるじ》
独立《どくりつ》している人のこと

一笑《いっしょう》に付《ふ》す
わらってあいてにしない

一寸先《いっすんさき》は闇《やみ》
先のことはわからない

一寸《いっすん》の虫にも
五分《ごぶ》の魂《たましい》
小さいものにもいじはある

一目《いちもく》置《お》く
あいてをそんけいして
えんりょする

一年の計《けい》は
元旦《がんたん》にあり
はじめにきちんと計画《けいかく》を
たてることがたいせつ

一目散《いちもくさん》に
わきめもふらず走《はし》るようす

一も二もなく
あれこれいうことなく

一翼《いちよく》を担《にな》う
大きな仕事《しごと》の
一部分をうけもつ

一か八《ばち》か
思いきってやってみる

一から十まで
なにからなにまで

一事《いちじ》が万事《ばんじ》
一つを見ればすべてがわかる

一富士《ふじ》二《に》たか
三《さん》なすび
はつゆめに見ると
えんぎのいいものの三つ

正直《しょうじき》は一生《いっしょう》の宝《たから》

正直は一生もちつづけたい宝

一杯《いっぱい》食《く》わす

人をうまくだます

起きて半畳《はんじょう》
寝《ね》て一畳《いちじょう》

ひつよういじょうに
もとめても意味《いみ》がない

一石《いっせき》を投《とう》じる

反響《はんきょう》をよぶような言動《げんどう》

一線《いっせん》を画《かく》す

くべつをつける

二

二足《にそく》の
わらじをはく

一人で二つの仕事《しごと》をやる

二度あることは
三度ある

ものごとはくりかえされる

二の足を踏《ふ》む

しりごみする

二の句《く》が
継《つ》げない

あきれて、
つぎのことばがでない

二兎《にと》を追《お》うものは
一兎《いっと》をも得《え》ず

目的《もくてき》はひとつにすべき

天は二物《にぶつ》を
与《あた》えず

よいところがいくつも
そろった人はいない

二階《にかい》から目薬《めぐすり》

ききめがない、
思うようにならない

二番せんじ

あたらしさのないもの

二枚舌《じた》を使《つか》う

まえにいったこととちがう

二つ返事《へんじ》

「はい、はい」と
きもちよくひきうける

三

仏《ほとけ》の顔も
三度まで

やさしい人もなんども
ひどい目にあえばおこる

三日《みっか》にあけず

たびたび

三つ子の
魂《たましい》 百まで

幼《おさな》いころの性質《せいしつ》はおとなに
なってもかわらない

三人よれば
文殊《もんじゅ》の知恵《ちえ》

三人いればよい知恵がでる

三拍子《さんびょうし》そろう

三つの条件《じょうけん》がそろっている

早《はや》起《お》きは
三文《さんもん》の徳《とく》

早く起きるといいことがある

石の上にも三年

つづけることで身につく

三度目の正直《しょうじき》

三回やればかならずうまくいく

その他

つるは千年《せんねん》
かめは万年《まんねん》

長生きでめでたいこと

なくて七癖《ななくせ》

人には何かしらくせがある

七転《ななころ》び八起《やお》き

あきらめずに
なんどもがんばる

五十歩百歩《ごじっぽひゃっぽ》

たいしてかわりがない

十年一昔《ひとむかし》

十年前はもう昔

千里《せんり》の道も
一歩から

なにごとも
はじめは小さいことから

うそ八百《はっぴゃく》

うそばかり

鬼《おに》も十八番茶《ばんちゃ》も出花《でばな》

年ごろになると女の人は
うつくしくなる

九死《きゅうし》に一生を得《え》る

どうにかたすかる

4章

動物・植物にかんすることわざ・慣用句

魚《うお》心《ごころ》あれば水《みず》心《ごころ》

【いみ】

あいての出方《でかた》によって、こちらのたいどもかわるということ。

あいてが自分《じぶん》に好意《こうい》をもってくれれば、自分もあいてに好意をもつようになる、ということだね。


【つかいかた】

「仕事《しごと》のライバルとなかよくなったの？」

「うん、魚心あれば水心だからな」

あゆみよることで、関係《かんけい》がよくなるんだね

馬《うま》の耳《みみ》に念仏《ねんぶつ》

【いみ】

あいてのためをおもって、いくらいっても、まったくききめがないこと。

馬にありがたい念仏をとなえても、意味《いみ》がないよね。

【つかいかた】

「宿題のことわすれてた！」

「まいにち、いってるでしょ！馬の耳に念仏なんだから」

馬やねこやぶたといっしょにされないように、しっかりいわれたことをやろう！

にたことば

猫《ねこ》に小判《こばん》

豚《ぶた》に真珠《しんじゅ》

のれんに腕押《うでお》し

ぬかにくぎ

えびで鯛《たい》を釣《つ》る

【いみ】

すこしのもので大きな利益《りえき》をえること。

えびのように小さいエサで、高級魚《こうきゅうぎょ》の鯛を釣るという意味《いみ》だね。

【つかいかた】

「おじいちゃんの肩《かた》もんだらゲーム買《か》ってくれたんだ」

「それじゃあ、えびで鯛を釣るじゃないか」

はじめから大きな利益《りえき》を期待《きたい》していると、いたい目にあうかも!?

にたことば

たなからぼたもち

火《か》中《ちゅう》の栗《くり》を拾《ひろ》う

【いみ】

ほかの人のために、危険《きけん》なことをあえてすること。

やいている栗を拾いにいくというのは、とてもあぶないということをあらわしているよ。

【つかいかた】

「ボクがケンカをとめてくるよ」

「火中の栗を拾うようなことをするなんて、あぶないよ」

正義《せいぎ》をまもるのはいいことだけど、危険《きけん》がともなうことはやめよう

犬《いぬ》も歩《ある》けば棒《ぼう》にあたる

【いみ】
なにかをおこなえば、予想《よそう》しないことにあうこともある。

犬も外にでてあるくと、棒にぶつかることもあるというたとえから。いい意味《いみ》でも悪《わる》い意味でもつかわれるよ。いずれにしても、自分《じぶん》からなにかをしなければ、なにもおこらないから、なんでもいいから、まずやってみよう。おもいがけないしあわせになることもあるものだ、という意味。

←

【つかいかた】
「えきで会いたくない人に、
ばったり会っちゃったよ」
「それはそれは。
犬も歩けば棒にあたるというからね」
「さんぽをしていたら、にじがみえたよ」
「よかったね、
犬も歩けば棒にあたる、だね」

まっているだけじゃなにもはじまらない、
勇気《ゆうき》をだして前にすすもう！

狐《きつね》につままれる

【いみ】

なぜそうなったのかわからず、ぼうぜんとすること。

狐にばかされたような気がするというたとえだね。

【つかいかた】

「すごいね、写生大会《しゃせいたいかい》で一位になるなんて!」

「なんだか狐につままれたようだったよ」

予想《よそう》もしなかったことだから、しんじられないというきもちだね

木《き》で鼻《はな》をくくる

【いみ】
あいてにつめたく、そっけないたいどをとること。

【つかいかた】
「あの店員《てんいん》さん、なんだかつめたいね」
「うん、木で鼻をくくったような返事《へんじ》だったね」

だれにたいしても、誠実《せいじつ》に対応《たいおう》したいね！

にたことば
鼻《はな》であしらう
けんもほろろ

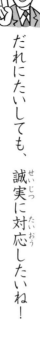

木《き》を見《み》て森《もり》を見《み》ず

【いみ】

小さいところばかり見て、全体《ぜんたい》を見ていないこと。

両方《りょうほう》を見ることがだいじというおしえだね。

【つかいかた】

「オセロで勝《か》てないのはどうしてだろう？」

「木を見て森を見ずだよ。全体を見なきゃ」

なやんだら、一歩ひいてものごとを見るようにすると解決策《かいけつさく》が見つかるよ

腐《くさ》っても鯛《たい》

【いみ】

ほんとうによいものはたとえダメになったように見えてもどこかに価値《かち》がある、ということ。

高級魚《こうきゅうぎょ》の鯛はすこし古くなっても、それだけの価値があるということから。

【つかいかた】

「さすが、元《もと》サッカーのプロだけあって、ふとっちゃってもうまいね」

「ホント、まさに腐っても鯛だね」

ほんとうによいものは、いつまでたってもそのよさを失《うしな》わないね！

井《い》の中《なか》のかわず大《たい》海《かい》を知《し》らず

【いみ】

自分のまわりのせまい世界《せかい》のことしか知らなくて、よのなかにはいろいろなことや考えがあることを知らないでいること。

井戸の中にいるかわず（蛙《かえる》）は広い海を知らないという意味《いみ》だよ。世間知《せけんし》らずの人のことを「井の中のかわず」ということもあるね。せまい世界の中でだけすぐれていて、それをじまんしている人のことにもつかわれるよ。

1

【つかいかた】
「クラスでボクがいちばんの成績《せいせき》だよ!」
「それはすごいわね。
でも、井の中のかわず大海を知らずに
ならないようにね」
「だれよりも足がはやいと思っていたら、
市の予選会で落ちちゃったの」
「『井の中のかわず大海を知らず』
だったんだね」

世界《せかい》は広い、いろいろな人にであってみよう!

2

蓼《たで》食《く》う虫《むし》も好《す》き好《ず》き

【いみ】

人のこのみはさまざまであるということ。

「蓼」はからい草だけど好きな虫はいるということ。


【つかいかた】

「ボクはピーマンが大好物《だいこうぶつ》なんだよ！」

「えー?!　蓼食う虫も好き好きだね」

好ききらいは人によってちがうから、きめつけないでおこう！

つるの一声《ひとこえ》

【いみ】

さまざまにわかれる意見《いけん》をまとめてしまう、力のある人のことば。

その人のひとことですべてがきまるという意味《いみ》。


【つかいかた】

「日曜日《にちようび》は海《うみ》にいくんじゃなかったの？」

「おとうさんのつるの一声で、山にきまったのよ」

みんなが反対《はんたい》できないくらい、決定権《けっていけん》がある人のことばだね

とびがたかを生《う》む

【いみ】

ふつうの親《おや》からすぐれた子どもが生まれること。

子どもをほめるときにつかうことばだね。

【つかいかた】

「うちの子にしてはピアノ、うますぎない？」

「『とびがたかを生んだ』ってやつだよ」

子どもにおいこされると、親はうれしいものなんだよ！

とらぬ狸《たぬき》の皮《かわ》算《ざん》用《よう》

【いみ】

まだ自分《じぶん》のものではないのにあてにして、計画《けいかく》をたてること。


【つかいかた】

「たからくじがあたったら、ハワイだね」

「まだわからないじゃない。とらぬ狸の皮算用だよ」

期待《きたい》してたのしみにするのはいいけど、ほどほどにね！

枯《か》れ木《き》も山《やま》のにぎわい

【いみ】つまらないものでも、なにもないよりはましということ。

「枯れ木」を自分《じぶん》にみたてて、「枯れ木でも、木がないよりはあったほうがにぎわうでしょう」という意味《いみ》だよ。人にたいしてつかうことばではなく、自分《じぶん》をへりくだってつかうことば。まちがっても、人にむかっていわないように注意《ちゅうい》しよう。

1

【つかいかた】

「おばあちゃん、
バス旅行《りょこう》に行くことにしたの？」
「枯れ木も山のにぎわいっていうからね」

「おとうさん、きょうの同窓会《どうそうかい》は
気がすすまないみたいだったね」
「でも、枯れ木も山のにぎわいだからって
でかけたわよ」

おとながこのことばをつかったら、
「そんなことはありません」といおう！

2

飛《と》んで火《ひ》に入《い》る夏《なつ》の虫《むし》

【いみ】

なにも知らないで、自分《じぶん》からきけんなところにとびこみ、わざわいを受《う》けたりすること。


【つかいかた】

「さいきん、元気《げんき》がないね」

「へんなことにまきこまれちゃって。飛んで火に入る夏の虫、とはこのことだよ」

まわりのようすをよく観察《かんさつ》することもだいじだね

泣《な》きっ面《つら》に蜂《はち》

【いみ】

わるいことの上に、さらにわるいことがかさなるということ。

泣いているときに蜂にさされたら、たまらないね。

【つかいかた】

「遅刻《ちこく》したうえにわすれものまでしちゃったよ」

「まさに、泣きっ面に蜂だね」

わるいことがつづくときほど、小さなラッキーを見つけるようにしよう！

にたことば

弱《よわ》り目《め》にたたり目《め》

ふんだりけったり

傷口《きずぐち》に塩《しお》

逃《に》がした魚《さかな》は大《おお》きい

【いみ】
手に入れそこなったものほど、すばらしいものにおもえるということ。
つり落とした魚は大きくかんじられるんだね。

【つかいかた】
「あの絵、買っておけば価値《かち》があがったのに」
「逃がした魚は大きいってことだね」

すぎたことをくやむより、前をむいていこう！

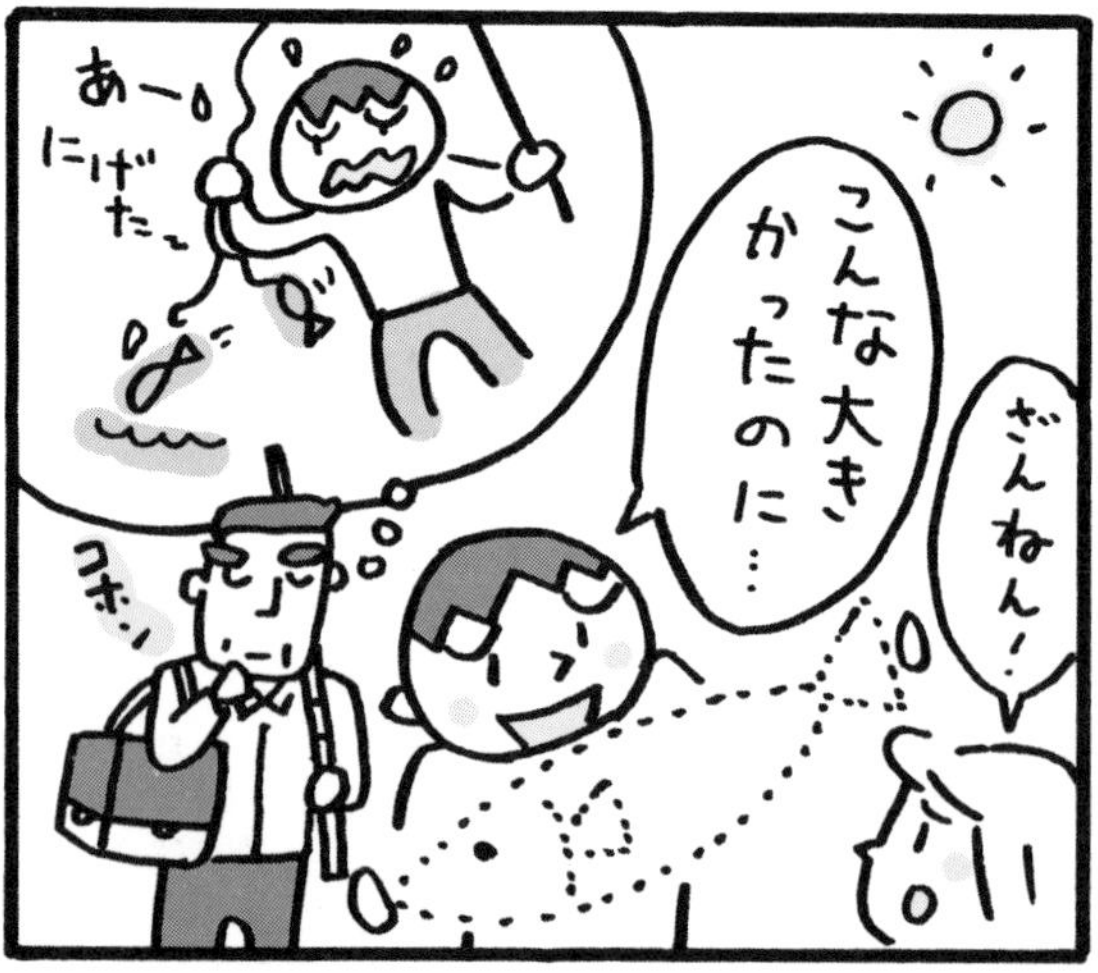

鳩《はと》に豆《まめ》鉄《でっ》砲《ぽう》

【いみ】
とつぜんのことにおどろいて、目をまるくすること。

「鳩が豆鉄砲を食《く》ったよう」ともいうよ。

【つかいかた】
「どうしたの？
鳩に豆鉄砲みたいな顔《かお》して」
「きゅうにうしろからよばれたから、
びっくりしたよ」

わけがわからず、
きょとんとするというイメージだよ！

さるも木《き》から落《お》ちる

にたことば

弘法《こうぼう》も筆《ふで》のあやまり
かっぱの川流《かわなが》れ

【いみ】

どんなじょうずな人でも、失敗《しっぱい》することがあるということ。

木のぼりがうまいさるでも、ときには木からおちることがあるということだね。うまくできないことは慎重《しんちょう》にやるけど、うまくできることは油断《ゆだん》して失敗《しっぱい》することがあるから、気をつけたいね。

【つかいかた】
「さっきのボール、とれなくてくやしいよ」
「いつもならそんなことないのに、
さるも木から落ちるだね」
「あの人なら、あんなところで
失敗するはずがないのに」
「そうだね。さるも木から落ちるって
ことがあるのね」

とくいなこともにがてなことも、
気をぬかないでがんばろう！

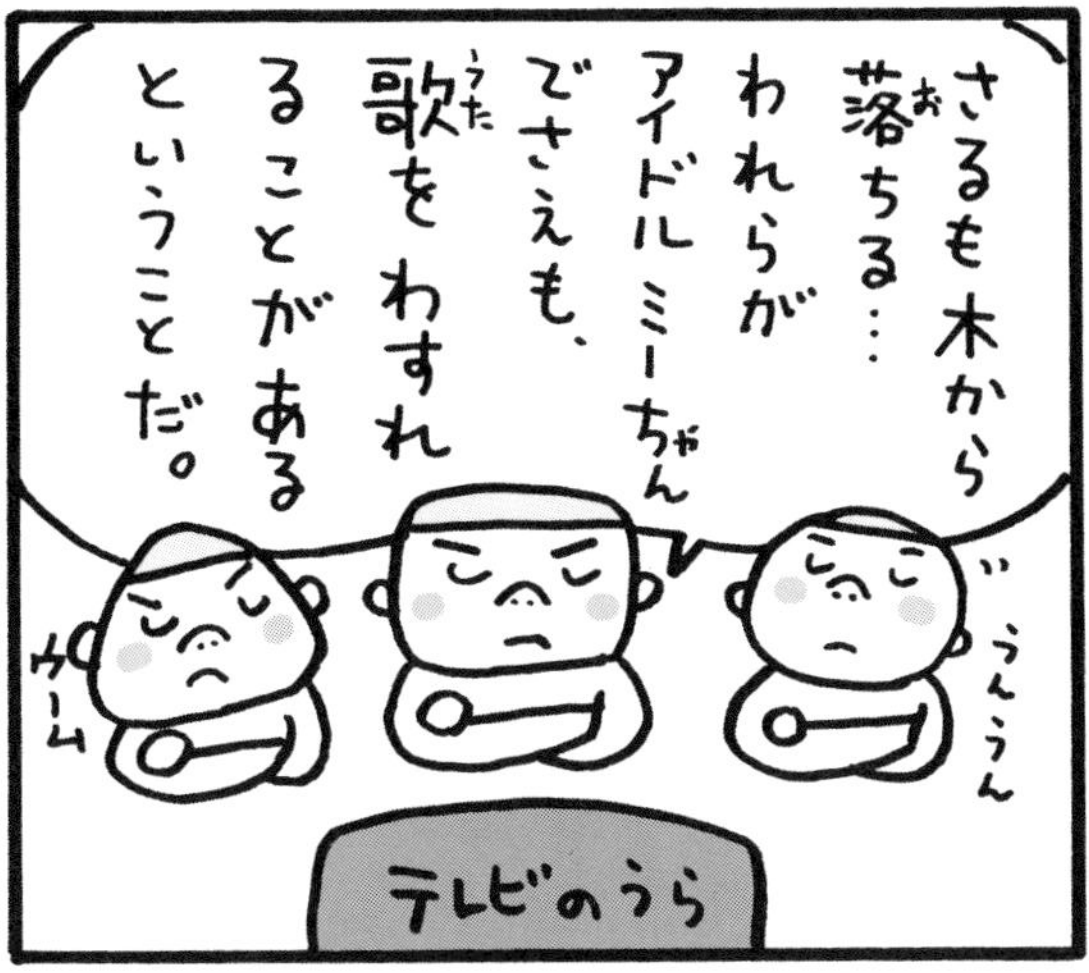

2

同じ穴《あな》のむじな
同じなかま

飼《か》い犬に
手をかまれる
せわした者《もの》にうらぎられる

借《か》りてきた猫《ねこ》
いつもとちがっておとなしい

窮《きゅう》鼠《そ》猫《ねこ》をかむ
弱《よわ》いものが追《お》いつめられて
強いものに反撃《はんげき》する

牛にひかれて
善《ぜん》光《こう》寺《じ》まいり
たまたまよいことに導《みちび》かれる

牛の歩《あゆ》み
すすむのがおそい

牛のよだれ
ながながとつづくようす

馬が合う
気が合う

生き馬の目を抜《ぬ》く
ゆだんできない

いたちごっこ
キリがない

犬も食《く》わない
まったくもんだいにされない

動物

動物・植物
にかんすることわざ・慣用句
動物、鳥、魚、虫、植物などを
つかったことば

猫《ねこ》をかぶる

おとなしく見せかける

袋《ふくろ》のねずみ

かこまれてにげられない

豚《ぶた》に真珠《しんじゅ》

かちがわからないと意味《いみ》がない

負《ま》け犬の遠《とお》ぼえ

弱《よわ》いものが強がる

猫《ねこ》にかつおぶし

好物《こうぶつ》をあたえるとゆだんできない

猫《ねこ》に小判《こばん》

かちがわからないと意味《いみ》がない

猫《ねこ》の手も借《か》りたい

とてもいそがしい

猫《ねこ》の額《ひたい》

ものすごくせまい

犬猿《けんえん》の仲《なか》

とても仲《なか》が悪い

さるも木から落《お》ちる

名人《めいじん》でも失敗《しっぱい》する

たぬき寝《ね》入り

寝《ね》たふりをする

角《つの》をためて牛を殺《ころ》す

小さいことにこだわってダメにすること

天《てん》高《たか》く馬《うま》肥《こ》ゆる秋

秋はさわやかで、よいきこうだということ

虎《とら》の子

だいじにしているお金や品物《しなもの》

ぬれねずみ

びしょびしょになる

その他

しっぽを出す

かくしていたことがみつかる

しっぽを巻《ま》く

こうさんする

かっぱの川流れ

上手な人でも失敗《しっぱい》はある

かめの甲《こう》より年の功《こう》

経験《けいけん》にはかちがある

かえるの子はかえる

子どもは親にになる

かえるの面《つら》に水

ひどいことをされても気にしない

鳥

立つ鳥
あとをにごさず
さるときにあとしまつをする

能《のう》ある鷹《たか》は
爪《つめ》を隠《かく》す
さいのうある人ほど、
それを見せない

鳩《はと》に豆《まめ》鉄《でっ》砲《ぽう》
とつぜんのできごとに
びっくりする

鳴《な》くまで待《ま》とう
ほとときす
チャンスをまつ

からすの行水《ぎょうずい》
すぐにふろからあがる

閑《かん》古《こ》鳥《どり》が鳴《な》く
ひまなようす

きじも鳴《な》かずば
うたれまい
よけいなことを
いわなければいい

すずめの涙《なみだ》
すごくすくないこと

足もとから鳥が立つ
あわてて行動《こうどう》する

鵜《う》のまねをするからす
人まねをしてもうまくいかない

鵜《う》呑《の》みにする
考えずにそのままうけいれる

うの目たかの目
ひっしにさがす

おうむ返《がえ》し
いったことをそのままくりかえす

かもがねぎを
背《し》負《よ》ってくる
いいことがおきる

魚

うなぎの寝床《ねどこ》
細長くてせまいへや

うなぎ登《のぼ》り
ねだんなどがどんどん上がる

えびで鯛《たい》を釣《つ》る
大きなりえきをえる

さばを読《よ》む
数《かず》をごまかす

鰯《いわし》の頭も信心《しんじん》から
信《しん》じればなんでもよく見える

魚心《うおごころ》あれば水心《みずごころ》
あいてが好意《こうい》をもてば
自分《じぶん》も好意をもつ

虫の息《いき》
今にも死にそうに息《いき》が弱《よわ》い

虫のいどころが
悪い
きげんが悪い

虫の知らせ
なにか起きる予感《よかん》がする

虫も殺《ころ》さない
おとなしくて、やさしい

蓼《たで》食う虫も
好きずき
人のこのみはいろいろ

ちょうよ花よと
自分《じぶん》の子をかわいがる

飛《と》んで火に入《い》る
夏《なつ》の虫
自分《じぶん》からわざわいに入《はい》る

苦《にが》虫《むし》を
かみつぶしたよう
ふきげんな顔《かお》つき

腹《はら》の虫が
おさまらない
しゃくにさわって、
がまんできない

虫がいい
自分《じぶん》の都合《つごう》ばかり考える

虫が好《す》かない
なんとなく気にくわない

虫

頭の上の
はえを追《お》え
人のことより自分《じぶん》のことを考えよ

あぶはちとらず
二つをもとめて
どちらも得《え》られない

ありの穴《あな》から
堤《つつみ》もくずれる
すこしのゆだんが
大きな失敗《しっぱい》をおこす

くもの子をちらす
ぱっとちる

尻《しり》切《き》れとんぼ
かんせいしないで
とちゅうでおわってしまう

水清《きよ》ければ
魚《うお》すまず
かんぺきな人には
人がよりつかない

柳《やなぎ》の下のどじょう
おなじやりかたで
うまくいくとはかぎらない

ふぐは食《く》いたし
命《いのち》は惜《お》しし
どうしようかまよう

まな板の鯉《こい》
あいてのおもうように
なるしかない

とどのつまり
あげくのはて

逃《に》がした
魚は大きい
手に入れそこなったものは
じっさいよりよいもの
だったように思える

植物

花を持たせる
あいてにてがらをゆずる

ひょうたんから コマ
予想外《よそうがい》のけっかになる

まかぬ種《たね》は 生えぬ
努力《どりょく》しなければ
けっかはでない

桃《もも》栗《くり》三年 柿《かき》八年
桃と栗は三年、柿は八年、
実《み》がなるまでかかる

寄《よ》らば大樹《たいじゅ》の陰《かげ》
力のあるものに
たよったほうがいい

両手《りょうて》に花
二つのものを
ひとりじめする

木によって 魚《うお》を求《もと》む
方法をまちがえると
たっせいできない

苦《く》は楽《らく》の種《たね》
いまのくろうは
将来《しょうらい》のしあわせのため

どんぐりの 背《せい》比《くら》べ
みんなおなじくらい

竹《ちく》馬《ば》の友
おさなともだち

ぬれ手に粟《あわ》
苦労《くろう》せずらくにもうける

根《ね》も葉《は》もない
根拠《こんきょ》がなくいいかげん

花よりだんご
うつくしいものより
役《やく》立《だ》つもののほうがいい

青《あお》菜《な》に塩《しお》
げんきをなくすこと

言《い》わぬが花
あえていわないほうがいい

雨《う》後《ご》のたけのこ
おなじものがつぎつぎにでる

うどの大木《たいぼく》
大きい体《からだ》をしていても
やくにたたない

おぼれる者《もの》は わらをもつかむ
きけんなときは
どんなものにもすがる

木に竹をつぐ
あわないものを
あわせること

5章

その他の

ことわざ・慣用句

石橋《いしばし》をたたいて渡《わた》る

【いみ】

とても用心深《ようじんぶか》いこと。

かたい石橋でもかたさをたしかめて渡るんだね。


【つかいかた】

「まだ、試合《しあい》の作戦《さくせん》をかんがえてるの？」

「そう、石橋をたたいて渡るようにね」

しんちょうになるのもいいけど、
たまにはおもいきったチャレンジをしてみよう！

にたことば
浅《あさ》い川《かわ》も深《ふか》く渡《わた》れ
念《ねん》には念《ねん》を入《い》れる

お茶《ちゃ》をにごす

【いみ】
いいかげんなことをいったりして、その場をごまかすこと。
はっきりさせないということだね。

【つかいかた】
「さっきはヒヤヒヤしたね」
「先生《せんせい》に宿題《しゅくだい》わすれたなんていえないから、お茶をにごしたよ」

ごまかしたりするのは、ときと場合《ばあい》によるよ!

にたことば
言《げん》を左右《さゆう》にする

勝《か》ってかぶとの緒《お》をしめよ

【いみ】
敵《てき》に勝っても、こころをゆるめないで、気をひきしめることがだいじだということ。

【つかいかた】
「きょうのサッカーの試合《しあい》、楽勝《らくしょう》だったよ」
「勝ってかぶとの緒をしめよといって、勝ったときこそきもちをひきしめるのよ」

よろこぶのはいいけど、油断《ゆだん》は禁物《きんもつ》だよ!

かわいい子《こ》には旅《たび》をさせよ

【いみ】

子どもがかわいいなら、あまやかさないで苦労《くろう》させたほうがいいということ。


【つかいかた】

「おかあさん、部屋《へや》のかたづけ、てつだって」

「かわいい子には旅をさせよっていうからね、自分《じぶん》でやりなさい！」

親《おや》は、やさしさときびしさの両方《りょうほう》をもっているんだよ！

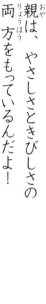

医《い》者《しゃ》の不《ふ》養《よう》生《じょう》

にたことば

紺屋《こうや》の白《しろ》ばかま
易者《えきしゃ》の身《み》の上《うえ》知《し》らず
坊主《ぼうず》の不信心《ふしんじん》

【いみ】

人には注意《ちゅうい》するのに、自分《じぶん》ではそれを実行《じっこう》しないこと。よくわかっている人ほど、自分ではやらないという意味《いみ》でもあるね。

お医者さんが、患者《かんじゃ》さんには体をたいせつにするようにいっていても自分では気をつけないということからきていることばだよ。くわしいからこそ、油断《ゆだん》したりあまく見たりすることがあるんだね。

←

【つかいかた】
「体育《たいいく》の先生《せんせい》、
授業《じゅぎょう》でねんざしたんだって？」
「医者の不養生だよね。
いつもケガに気をつけろっていってるのに」
「あーあ、あついなべでヤケドしちゃったわ」
「おかあさんがヤケドするなんて、
医者の不養生だね」

まずは自分《じぶん》から実践《じっせん》しないと、
説得力《せっとくりょく》がないよね！

2

臭《くさ》いものにふたをする

【いみ】

人にしられてはこまることを、そのときだけなんとかごまかしてかくすこと。

【つかいかた】

「臭いものにふたをしてもばれるよ」

「悪い点《てん》のテストをかくしてもばれるね」

ごまかしはしっぺがえしがくるから正々堂々《せいせいどうどう》と

けがの功名《こうみょう》

【いみ】

なにげなくしたことや失敗《しっぱい》したことが、おもわぬよい結果《けっか》になること。

「功名」とは、てがらをたてることの意味《いみ》だよ。

【つかいかた】

「きょうの野菜《やさい》いため、キャベツがなくて白菜《はくさい》になっちゃったの」

「でも、けがの功名でけっこうおいしいよ」

失敗してもそれがいいことになることはよくあるね！

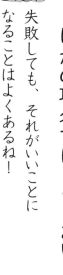

転《ころ》ばぬ先《さき》のつえ

【いみ】

準備《じゅんび》をしておけば、失敗《しっぱい》はないということ。

転んでからつえをついても、なんの役《やく》にも立たない。転ぶ前につえをつきなさい、という意味《いみ》から。

【つかいかた】

「きょう、ねんのためにかさをもってきたんだ」

「本当？　転ばぬ先のつえだね」

さきざきのことを想像《そうぞう》して、準備をしておくことがだいじだね！

にたことば

念《ねん》には念を入れる

知《し》らぬが仏《ほとけ》

【いみ】

知るとイヤなことでも、知らないでいれば平気《へいき》でいられるということ。

仏さまのようにおだやかでいられるということだね。

【つかいかた】

「おとうさん、おかあさんの髪《かみ》、白髪《しらが》が一本とびでてるね」

「いわなくていいよ、知らぬが仏だから」

よのなかには、知らなくてもいいことがあるんだね！

気《き》が置《お》けない

【いみ】

気をつかったり、えんりょがいらないこと。

気楽《きらく》につきあえる友だちや仲間《なかま》にたいしてつかう、いい意味《いみ》のことばだよ。ここでいう「気」は、心配《しんぱい》やえんりょということ。「油断《ゆだん》できない、信用《しんよう》できない」という意味とまちがえることがあるから気をつけよう。

しゅみはそれぞれ
ちがうけど……
そうそう
1

【つかいかた】
「いつでも相談《そうだん》してね、と
友だちがいってくれたんだ」
「そういう気が置けない友だちがいて、
よかったね」
「野球《やきゅう》チームの仲間《なかま》とは、
なんでもはなせる関係《かんけい》なんだ」
「気が置けない仲間《なかま》はだいじだね」

キミにとっての気が置けない人って、だれかな？

船《せん》頭《どう》多《おお》くして船《ふね》山《やま》にのぼる

【いみ】

さしずする人がおおいと意見《いけん》がまとまらず、とんでもない方向《ほうこう》へものごとがすすんで、うまくいかないこと。

【つかいかた】

「意見がいろいろでどうしたらいいのか?」

「まさに、船頭多くして船山にのぼるだね」

あまり、まわりの意見にまどわされないようにしよう!

ただより高《たか》い物《もの》はない

【いみ】

ただでなにかしてもらうと、気をつかったり、おれいをしたり、と買うよりも高くつくという意味《いみ》。

【つかいかた】

「おじさんがただで車《くるま》の修理《しゅうり》をしてくれたら、走らなくなっちゃったよ」

「あらあら、ただより高い物はないわね」

ただでなにかをやってもらうときは覚悟《かくご》もひつようだね！

にたことば

買うはもらうにまさる

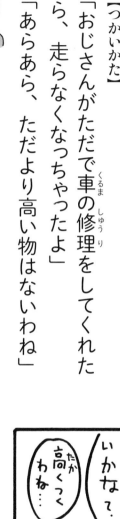

玉《たま》にきず

【いみ】

すごくいいものやりっぱなものなのに、すこしだけわるいところがあること。

「玉」はきれいなものをあらわすよ。きれいな宝《ほう》石《せき》にちょっとだけきずがあるというかんじだね。

【つかいかた】

「ボクのいもうと、顔《かお》はかわいいんだけど、口が悪いんだよなぁ」

「そこが玉にきずなんだね」

「玉に」は「たまに（ときどき）」じゃないよ

出《で》る杭《くい》は打《う》たれる

【いみ】
めだつ人やすぐれた才能《さいのう》をもつ人はほかの人からにくまれたり、じゃまにされたりするということ。

【つかいかた】
「がんばって勝《か》ったのに、悪口《わるくち》いわれたよ」
「出る杭は打たれるっていうからね、ねたんでるんだよ」

「出すぎる」くらいに出れば打たれないよ！

情《なさ》けは人《ひと》のためならず

【いみ】

人にしんせつにすると、やがて自分《じぶん》のところによいことがかえってくるということ。

「情け」はしんせつのこと。「しんせつは人のためにならない（からしてはいけない）」という意味《いみ》ではなく、「しんせつは人のためではなく、自分のためになる（からどんどんしよう）」という意味だから、まちがえないようにちゅういしよう。

←

【つかいかた】
「きょう、道《みち》をきかれたから
おしえてあげたんだ」
「いいことしたわね、
情けは人のためならずよ」

「バスで席《せき》をゆずったら
すごくよろこばれて、ボクのほうが
うれしくなっちゃった」
「まさに、情けは人のためならずね」

いいことは、人のためになるのはもちろん、
自分《じぶん》のためにもなるんだね！

雨《あめ》降《ふ》って地《じ》固《かた》まる

【いみ】

問題《もんだい》がおきたあとのほうが、前よりよくなるということ。

【つかいかた】

「さっきまで夫婦《ふうふ》ゲンカしてたのに、なんだかなかよくなってるよ」

「雨降って地固まるってことよ」

問題《もんだい》をかいけつしようとするきもちがきずなを強くするんだよ!

帯《おび》に短《みじ》かし　たすきに長《なが》し

【いみ】
ちゅうとはんぱで、なんの役《やく》にもたたないこと。

【つかいかた】
「この材料《ざいりょう》じゃ、なにもつくれないわ」
「カレーにするにも肉《にく》じゃがにするにも、帯に短かしたすきに長しね」

それでひと工夫《くふう》できたら、キミはすごいね

このくつ
学校《がっこう》にはいていくにはハデだし
おでかけにはジミね…

武《ぶ》士《し》は食《く》わねど高《たか》楊《よう》枝《じ》

【いみ】

どんなにお金にこまっていても、そんなようすを見せないこと。

【つかいかた】

「ママ、このケーキ食べたいんじゃないの?」

「いいえ、武士は食わねど高楊枝よ」

こまったようすを人に見せないのは、男の美学《びがく》だね!

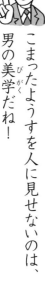

右《みぎ》に出《で》るものがいない

【いみ】
その分野《ぶんや》でその人よりすぐれている人がいないこと。

【つかいかた】
「ウチの先生は人前ではなすのがうまいね」
「うん、演説《えんぜつ》で右に出るものはいないね」

だれにも負《ま》けないことは、
だれでもひとつはあるからさがしてみよう！

のれんに腕《うで》おし

にたことば

馬の耳に念仏《ねんぶつ》
ぬかにくぎ
豆腐《とうふ》にかすがい
二階《にかい》から目薬《めぐすり》

【いみ】

いくら力をいれても、すこしも手ごたえがないこと。手ごたえがかんじられなくて、はりあいがないこと。

のれんは、お店の入り口にかかっている布《ぬの》のことだよ。腕に力を入れてその布をいくらおしても、すぐにもどってきてしまうことからきているんだ。なにをいってもききめがない人にたいしてもつかわれるね。

【つかいかた】

「おとうさん、あれ買《か》って」

「おとうさんはきびしいんだから、
のれんに腕おしよ」

「あーあ、もうこんな時間だよ」

「おふろにはいりなさいって
いってるでしょ。

まったく、のれんに腕おしなんだから」

いつものれんに腕おしだと、
だれからも期待《きたい》されなくなるよ！

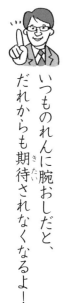

その他のことわざ・慣用句

まだまだある！
知っておきたい、
使ってみたいことば

あ

相《あい》づちを打《う》つ
あいてのはなしに調子《ちょうし》よく返事《へんじ》をする

朝《あさ》飯《めし》前《まえ》
かんたんなこと

味《あじ》をしめる
一度うまくいったので、またそれをしたくなる

後《あと》の祭《まつ》り
終わってから、なにかをしようとしてもダメなこと

後《あと》は野《の》となれ山となれ
どうなってもいいこと

油《あぶら》をしぼる
あやまちをひどくしかる

天《あま》のじゃく
ひねくれた人のこと

嵐《あらし》の前の静《しず》けさ
大きなできごとの前にかんじる静《しず》かさ

案《あん》ずるよりも生むがやすし
思いきってやれば、かんたんにできる

泡《あわ》を食《く》う
おどろいてあわてる

息《いき》を殺《ころ》す
息《いき》をとめるようにじっとしている

急《いそ》がばまわれ
確実《かくじつ》な方法《ほうほう》が結局《けっきょく》、早くできる

板《いた》につく
なれて、そのことをしているのがにあう

うそも方便《ほうべん》
うそをつくのがいいほうほうのときもある

うつつをぬかす
ほかのことは見ず、あることにむちゅうになる

えりを正《ただ》す
きもちをひきしめる

お墨《すみ》つきをえる
ある人からみとめられる

鬼《おに》に金棒《かなぼう》
強いものがさらに強くなる

折《お》り紙つき
たしかなことを証明《しょうめい》される

か

風《かぜ》のたより
うわさ

かぶとをぬぐ
こうさんする

果報《かほう》は寝《ね》てまて
いい知らせをあせらないでまつ

気に病《や》む
なやむ

気をもむ
心配《しんぱい》する

けりをつける
おわらせる

光陰《こういん》矢《や》のごとし
月日《つきひ》がたつのが早いこと

後悔《こうかい》先《さき》に立たず
失敗《しっぱい》を残念《ざんねん》がってもしかたない

弘法《こうぼう》にも筆《ふで》のあやまり
どんな名人《めいじん》も失敗《しっぱい》する

さ

さじを投《な》げる
あきらめる

しのぎをけずる
はげしく競争《きょうそう》する

しびれを切らす
まちくたびれて、がまんができない

朱《しゅ》に交《まじ》われば赤くなる
悪い人の中にいると悪くなる

白羽《しらは》の矢《や》が立つ
たくさんの中からえらばれる

図《ず》に乗る
思ったとおりになり、いい気になる

住《す》めば都《みやこ》
住みなれれば、いいところだと思える

た

台風《たいふう》の目
問題《もんだい》の中心《ちゅうしん》になる人

高《たか》をくくる
ものごとをかるく見る

だしにする
自分《じぶん》のために人を利用《りよう》する

立《た》て板《いた》に水
すらすらとはなす

たなからぼたもち
思いがけない幸運《こううん》にあう

途方《とほう》に暮《く》れる
どうしたらいいか、わからなくなる

度《ど》を失《うしな》う
おちつきをなくす

な

長《なが》い目で見る
ずっと先まで見まもる

なしのつぶて
手紙《てがみ》などの返事《へんじ》やれんらくがない

鳴《な》りをひそめる
じっとしている

煮《に》えきらない
たいどがはっきりしない

煮《に》ても焼《や》いても食《く》えない
あいてがずるくてあつかいようがない

寝《ね》る子は育つ
よく寝《ね》る子はじょうぶに育つ

年貢《ねんぐ》の納《おさ》めどき
たくさんしてきた悪いことをつぐなう

のきを並《なら》べる
家がぎっしりたちならぶ

残《のこ》り物《もの》には福《ふく》がある
残《のこ》ったものに幸運《こううん》がある

のどもと過《す》ぎれば熱《あつ》さを忘《わす》れる
くるしいことも終わればわすれてしまう

は

ばかの一つ覚《おぼ》え
覚《おぼ》えた一つのことを得意《とくい》そうにする

はしにも棒《ぼう》にもかからない
どうしようもなくひどい

はちの巣《す》をつついたよう
たくさんの人がさわぐ

腹《はら》がへっては戦《いくさ》ができぬ
空腹《くうふく》ではなにもできない

はらわたが煮《に》えくりかえる
はらがたって、がまんができない

左うちわ
苦労しないでラクにくらす

左前《ひだりまえ》になる
経済的《けいざいてき》にくるしい

人を見たらどろぼうと思え
人をかんたんに信用《しんよう》してはいけない

火に油《あぶら》を注《そそ》ぐ
いきおいがあるものに、もっといきおいをつける

非《ひ》の打《う》ちどころがない
欠点《けってん》がまったくない

火のないところに煙《けむり》は立たぬ
かならず原因《げんいん》がある

貧乏《びんぼう》ひまなし
いつもはたらかなければならず いそがしい

下手《へた》の横好《よこず》き
へたなのにそれが好きなこと

ほこ先を向《む》ける
ひなんをその人にむける

骨身《ほねみ》にこたえる
体のおくまでかんじる

ま

まくらを高くして寝《ね》る
安心して寝《ね》る

的《まと》を射《い》る
大切なところをとらえる

満《まん》を持《じ》す
じゅうぶん準備《じゅんび》してチャンスをまつ

昔《むかし》とったきねづか
わかいときに身につけた技《わざ》

や

やぶから棒《ぼう》
思いがけないことが突然《とつぜん》、おきる

弱《よわ》り目にたたり目
さらにこまること

ら

楽《らく》あれば苦《く》あり
いいことばかりではない

良薬《りょうやく》は口に苦《にが》し
ためになることばはききづらい

類《るい》は友を呼《よ》ぶ
にている人が自然《しぜん》に集まる

おわりに

さいごまでよんでみて、どのくらい知っていることばがあったかな？　もし知らないことばがたくさんあったとしたら、なんどもこの本をよんでみてほしいんだ。

ことわざ・慣用句《かんようく》は、顔《かお》や体、数字《すうじ》や動物《どうぶつ》・植物《しょくぶつ》など、いろいろなものをつかってあらわされているから、そのイメージをうかべてみるとおもしろいよ。

そして、よむだけじゃなく、**ふだんの生活のなかでどんどんつかってみてほしい。**

もし、クラスでケンカをしている人たちがいて、なんとかなかなおりする方法《ほうほう》はないかとキミがなやんでいるとしよう。このじょうきょうは、**「手をこまねく」**だよね。

でも、二人の友だちにそうだんして、三人で考えるとしたらどうだろう。**「三人よれば文殊《もんじゅ》の知恵《ちえ》」**となって、なにかいいアイデアがでてくるかもしれないよね。

こんなふうに、そのときのようすをあらわすことわざ・慣用句をさがしてみるのもいいし、こまったときにヒントになることわざ・慣用句を見つけてみるのもいい。

ぎゃくに、本をよみながら、「そうそう、こんなことあるなぁ」と自分《じぶん》のできごとを思いだしてみるのもいいよ。

こういうことばは、暗記《あんき》することよりも、正しくつかえることのほうがたいせつなんだ。大人になってはずかしい思いをしないように、みんなは小学生のうちにきちんと身につけておきたいね！

齋藤孝
1960年生まれ。東京大学法学部卒業。同大学院教育学研究科博士課程を経て、明治大学文学部教授。専門は教育学、身体論、コミュニケーション論。著書に『声に出して読みたい日本語』『読解力がグングンのびる！齋藤孝のゼッタイこれだけ！名作教室』『こども「学問のすすめ」』ほか多数。

編集協力
佐藤恵

ブックデザイン
野澤享子（permanent yellow orange）

イラスト
ヨシタケシンスケ（カバー）
漆原冬児（本文）

これでカンペキ！マンガでおぼえることわざ・慣用句

発行日　2013年5月15日　第1刷発行
　　　　2021年3月31日　第7刷発行
著者　齋藤孝
発行者　小松崎敬子
発行所　株式会社 岩崎書店
東京都文京区水道1-9-2
〒112-0005
電話　03（3812）9131［営業］
　　　03（3813）5526［編集］
振替　00170-5-96822
印刷所　株式会社光陽メディア
製本所　株式会社若林製本工場

Published by IWASAKI Publishing Co.,Ltd.
Printed in Japan
ISBN978-4-265-80211-1　NDC814

岩崎書店ホームページ　http://www.iwasakishoten.co.jp
ご意見をお寄せください info@iwasakishoten.co.jp